와디즈 스마트스토어 펀딩 1위!
수강생 후기가 증명하는
스마트스토어 입문자 맞춤 강의

스마트스토어를 시작하기까지 세팅부터 차근차근 강의에 담겨 있어요. 마케팅하시는 분들이 들어도 뽕 뽑을 듯한 강의인 것 같아요! 키워드 공략법을 보고 와… 감탄 그 자체! 제가 기존에 알던 것과는 또 다른 방법이라 새롭게 느껴지고 설레는 마음까지 생기네요!

★ 유*영 님

그동안 온라인 쇼핑몰을 공부하면서 누구는 '소량 상세페이지 만들기가 답이다', 누구는 '대량 등록이 답이다'… 등등 너무 많은 정보 속에서 허우적대며 고민하고 있었는데 전자책을 읽어 보니 제가 가야 할 길과 방법을 정할 수 있었습니다. 여러 강의를 보았지만 초보를 위한 확실한 길잡이가 아닌가 싶습니다.

★ 조*민 님

금랜님 전자책 보고 실제로 매출이 난 서포터입니다. 저는 금랜님 크X 전자책 시정부터 계속 구매하던 찐팬입니다. 그대로 따라 하시면 무조건 매출 납니다. 아무것도 모르던 왕초보이던 제가 그렇게 해서 매출 났으니까요. 망설이는 분들, 처음이라 잘 모르겠는 분들, 다른 강의 들어봤지만 효과 없었던 분들 모두에게 강력 추천합니다.

★ 김*연 님

그렇게 꼼꼼한 강의, 다 퍼 주는 강의는 처음 봤어요. 스마트스토어가 핫한 키워드라 블로그나 유튜브 등으로도 접할 수 있지만 대부분 겉핥기 식이고 핵심 내용이 빠진 경우가 많더라고요. 구체적으로 뭘 해야 할지 잡아 주지 않기 때문에 보고 나서도 '그래서 다음은 어떻게 하라는 건가요?' 묻

게 되는 경우가 많고 서칭 시간도 늘 수밖에 없죠. 반면 금랜님 강의는 A부터 Z까지 단계별로 뭘 해야 할지 알려 주면서 실무 부분도 숨기지 않고 공개해 주세요. 필요한 부분들만 딱 정리되어 있고, 깔끔한 내용 덕분에 방황하지 않게 되니 좋았어요.

★ 익명의 서포터님

스마트스토어에 입문한 후 강의도 많이 들었고, 책도 많이 읽었고, 유튜브도 많이 봐 왔는데, 이번에 금랜님의 교재는 지금까지 접해 본 내용 중에서 가장 배려가 깊고 디테일하게 나온 내용이라고 봅니다. 배우는 사람 입장에서 어려운 부분에 쉽게 접근할 수 있도록 단계별로 잘 구성되어 있어 속이 후련해졌습니다. 몇 가지 내용을 직접 실습해 봤는데, 키워드도 몇 개 발견하고 도매처도 찾았습니다. 정말 신기하네요. 제가 궁금해하고 어려워했던 부분이 제품 소싱과 상세페이지 작업이었는데 해답이 나와 있더군요.

★ 익명의 서포터님

저처럼 스마트스토어에 대한 지식이 전혀 없는 사람들을 위한 듯. 내용이 쉽게 풀어져 있어 막힘 없이 읽어내려갈 수 있어서 좋네요. 책을 읽으면서 생기는 궁금증에 대해 바로 답변을 주듯 구성되어 초보인 저에게 딱입니다. 단순히 정보만 제공하는 것이 아니라, 카페 등을 이용해 다른 수강생 분들과 커뮤니케이션할 수 있어 자연스럽게 동기 부여도 될 것 같습니다.

★ hi****mi 님

하루 30분, 취미처럼

스마트 스토어로 월급 벌기

오진선 지음

길벗

하루 30분, 취미처럼
스마트스토어로 월급 벌기

Make Money with SmartStore

초판 발행 · 2023년 6월 16일
초판 2쇄 발행 · 2024년 3월 4일

지은이 · 오진선
발행인 · 이종원
발행처 · (주)도서출판 길벗
출판사 등록일 · 1990년 12월 24일
주소 · 서울시 마포구 월드컵로 10길 56(서교동)
대표 전화 · 02)332-0931 | **팩스** · 02)322-0586
홈페이지 · www.gilbut.co.kr | **이메일** · gilbut@gilbut.co.kr

기획 편집 · 박슬기(sul3560@gilbut.co.kr) | **책임 편집** · 연정모(yeon333718@gilbut.co.kr)
제작 · 이준호, 손일순, 이진혁, 김우식 | **영업마케팅** · 전선하, 차명환, 박민영
영업관리 · 김명자 | **독자지원** · 윤정아

디자인 및 전산편집 · 이도경 | **교정교열** · 이정주
CTP 출력 및 인쇄 · 대원문화사 | **제본** · 경문제책

ISBN 979-11-407-0479-8 03000
(길벗 도서번호 007171)

가격 22,000원

독자의 1초를 아껴주는 정성 길벗출판사

(주)도서출판 길벗 | IT교육서, IT단행본, 경제경영, 교양, 성인어학, 자녀교육, 취미실용 www.gilbut.co.kr
길벗스쿨 | 국어학습, 수학학습, 어린이교양, 주니어 어학학습, 학습단행 www.gilbutschool.co.kr

페이스북 | www.facebook.com/gilbutzigy
네이버 포스트 | post.naver.com/gilbutzigy

□ 평소 쇼핑을 좋아해 월 30만 원 이상 쇼핑에 투자한다.

□ 한 달 고생해서 1년 이상 하루 30분만 일할 수 있다면 어떻게든 도전해 보겠다.

□ 여러 가지 부업에 도전했지만 게으름의 벽에 부딪혀 금방 포기했다.

□ 매일 콘텐츠를 발행하고 무언가를 써야 하는 부업에 자신이 없다.

□ 최대한 자본을 들이지 않는 부업에 도전하고 싶다.

□ 평소 SNS를 즐겨 하지 않아 SNS로 하는 부업은 부담스럽다.

□ 당장 창업한다면 자신 있게 내세울 만한 기술이 없는 것 같다.

□ 평소 마케팅 기술이 있거나 잘 모르지만 관심은 있다.

□ 최대한 오래 자동화할 수 있는 부업을 찾고 싶다.

□ 나를 공개적으로 드러내는 것이 부담스럽다.

위 항목 중 6개 이상 해당하시나요?

축하합니다. 당신은 스마트스토어를 시작할 수 있습니다.

머리말

안녕하세요. '연금아일랜드 금랜' 오진선입니다.
왜 많은 사람들이 다양한 부업에 도전하지만 쉽게 포기할까요?
시간 여유가 없어서? 돈이 없어서? 잘 몰라서? 제 생각은 좀 다릅니다. 바로 재미가 없어서 아닐까요?

직업이나 연애 상대 고를 때, 하다못해 MBTI에도 진심인 요즘 시대에 사이드잡을 결정할 때는 진지한 고민 없이 강의나 책을 구매하고 묵혀 둡니다.

저는 항상 쉽게 도전하고 포기하는 것을 가장 잘했습니다. 회사를 다니면서도 무언가를 배우는 것을 멈추지 않았지만 그중 스마트스토어 단 하나만 제 지식과 업으로 남게 되었습니다.

지금 와서 돌이켜 보니, 나머지 부업의 경우 수익화가 가능하더라도 '좋아하지 않는 일을 매일 해야 한다는 압박' 때문에 시작조차 하지 않았던 것 같습니다.

SNS를 거의 안 하는데 블로그나 인스타그램 강의를 보고, 손재주도 없는데 만드는 취미에 도전하고, 그림 그리는 것을 싫어하는데 이모티콘에 흥미를 가졌습니다. 재미없는 일을 지속하려면 강제성을 부여해야 합니다. 설령 강제성을 부여한다고 해도 3개월 이상 유지하는 것은 매우 힘겹습니다.

스마트스토어에 도전했을 때는 '내가 쇼핑을 좋아하니까 고객의 물건을 대신 쇼핑한다', '초반만 고생하고, 나중엔 송장 번호만 등록해야지' 하는 마음으로 초창기 상품 등록과 운영하는 과정을 버텼습니다.

그 후 2년 넘게 스마트스토어를 운영하며 한 번도 질리지 않았습니다. 운영 6개월이 지나자 하루 10~30분 동안 송장 번호만 등록하거나 고객 CS에 응대하는 정도의 업무만 해도 됐기 때문이었습니다.

생각해 보세요. 그냥 주문하고, 송장 번호만 입력하면 몇만 원이 생기는데 어느 누가 질릴 수 있을까요? 아마 상품 등록만 매일 해야 했다면 6개월도 못 했을 겁니다.

과거에 무언가에 도전하고 포기할 때마다 내면 깊은 곳에서는 '내가 게으르고, 많이 부족하니까'와 같이 자존감을 깎아 먹는 생각을 많이 했습니다. 지금은 어느 누구든 목표가 없는 상황에서 반복적으로 에너지를 쓰기는 힘들다는 것을 잘 알고 있습니다. 그리고, 부족한 점만 있는 사람은 없다는 사실도요.

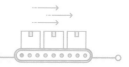

독자님은 어떠신가요? 혹시 저처럼 게으르고, 기술이 없다고 생각하시나요?

독자님께서 만약 과거의 저와 같다면, 그게 잘못됐고 게으르다고 자책하기보다는 게으른 면을 더 활용해 어떻게 하면 '조금만 일하고, 실컷 게을러질 수 있지?'라고 생각을 전환할 수 있었으면 합니다.

저는 유명세나 관리하는 채널 없이 오직 오프라인 사례만으로 와디즈 첫 펀딩에 스마트스토어 1위(2023년 5월 기준), 클래스 전체 만족도 1위를 차지했습니다. 강의도 판매의 일종입니다. 위탁부터 강의로 오기까지 이 기술은 오로지 스마트스토어를 운영하면서 배운 노하우 덕분입니다.

스마트스토어는 개설부터 상품 등록까지는 고되지만 이후에는 적성에 맞는지와는 상관없이 누구든 할 수 있습니다. 잘못된 정보에 흔들리지 않고, 전략을 세워 잘 운영한다면 매일 발행이나 무언가에 손써야 하는 일이 적기 때문이죠.

끊임없이 상품을 등록하지만 효과를 보지 못한 분들을 너무 많이 만났습니다. 수강생분들 중에서도 제가 알려 드리는 내용과 다르게 상품을 무작위로 등록하고 판매가 되지 않아 고민하는 분들도 많습니다. 키워드나 이미지 변경 없이 등록하는 분들도 많으시고요.

강의만이 답은 아닙니다. 자본이 없어 책을 보고 시작하는 사람도 있습니다. 책을 보고, 흥미가 생긴다면 그때 제 강의를 봐도 늦지 않습니다.

저는 몇 년간 부동산 공부가 싫었습니다. 강의를 구매하고도 안 보는 일이 다반사였죠. 강의를 수강할 때는 부동산 공부가 세상에서 제일 재미없는 줄 알았습니다. 그러나 집 관련해서 급하게 알아볼 일이 생겨 혼자 공부하고, 필요한 지식이 꼬리에 꼬리를 물어 계속 찾다 보니 최근에는 너무 재밌어졌습니다. 그러다 보니 제대로 강의를 수강하고 싶어졌습니다. 독서할 때 다독보다는 한 권을 읽더라도 계속 곱씹어 보고 인상 깊은 책으로 남긴다면 그게 더 성공적인 독서라고 생각합니다. 부업도 마찬가지입니다. 선택과 집중이라고 하죠.

독자님께서 이 책에 몇만 원을 투자한 것이 후회가 되지 않기를
이 책으로 흥미를 얻어 스스로 배우는 시너지가 나길 바랍니다.

오진선 (금랜) 드림

책 미리보기

스마트스토어
전문가가 알려 주는
진짜 돈 버는 방법

스마트스토어, 레드오션이라고요?
누적 수강생 4,500명, 와디즈 펀
딩 3.3억 달성한 스마트스토어 전
문가의 전략을 따라 하다 보면 당
신도 스마트스토어로 돈 벌 수 있
습니다.

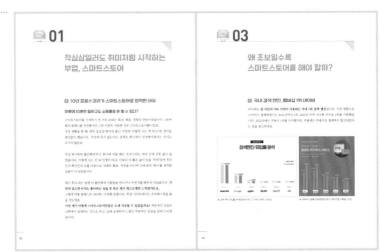

하루 30분만 투자하면 되는
직장인 맞춤형 투잡

두껍고 복잡한 이론서는 그만! 작
심삼일만 반복해 왔다 해도 이번에
는 성공할 수 있습니다. 스마트스
토어 위탁 판매의 핵심만 쏙쏙 담
았습니다. 저자의 생생한 경험담을
보면 할 수 있다는 용기가 생길 거
예요.

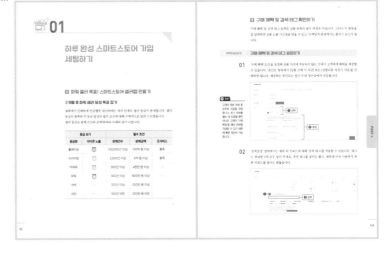

무작정 따라 하며
필수 기능 익히기

친절하고 자세한 설명을 따라가다
보면 초보자도 스마트스토어 운영
에 금세 익숙해질 수 있습니다. 두
려워 말고 지금 당장 도전하세요!

궁금증 해결!
TIP&잠깐만요

헷갈리기 쉬운 부분은 👆 TIP 으
로 짚어 주고, 더 알아 두면 좋은
내용은 (잠깐만요)에서 추가로 설명
합니다. 학습할 때 생기는 궁금증
을 바로바로 해결할 수 있습니다.

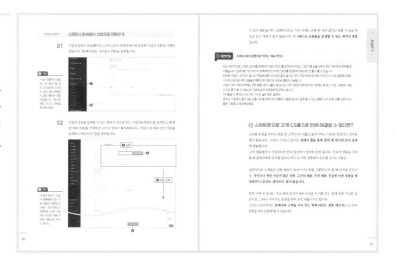

스마트스토어 핵심 Q&A

PART 1

Q 부업으로서 스마트스토어의 장점은 무엇인가요? → 19쪽

A 매일 발행, 계속 신경 써야 하는 다른 채널과 달리 초기 상품만 잘 등록하고, 효자 상품이 생긴다면 하루에 10~30분 송장 번호만 등록하며 일할 수 있는 부업입니다.

Q 온라인쇼핑 시장, 레드 오션 아닌가요? → 26쪽

A 반은 맞고, 반은 틀립니다. 매년 통계청에서 발표하는 자료를 보면 최근 10년간 온라인쇼핑 거래액이 평균 1조 이상 상승했습니다. 쇼핑 거래액으로만 보면 블루 오션입니다.

PART 2

Q 직장인인데 사업자 등록해도 되나요? → 71쪽

A 겸업이 확실히 금지된다면 가족 명의로 등록하시는 것을 권장합니다. 그렇지 않다면 사업자를 내셔도 무방합니다. 소득 신고 체계가 다르기 때문이죠.

Q 입문자인데 수수료 부담을 덜 수 있는 방법은 없나요? → 83쪽

A 스마트스토어의 경우 수수료를 면제해 주는 '스타트 제로수수료' 서비스가 있습니다. 신규 사업자라면 주문과 매출 수수료에 대해 일정 기간 0원으로 이용할 수 있습니다.

Q 정말 0원으로 쇼핑몰을 시작할 수 있나요? → 87쪽

A 국내 위탁 판매 방식이면 가능합니다. 고객님이 결제하면 나도 쇼핑몰에서 주문하듯이 결제하면 되기 때문에 무자본으로 시작할 수 있습니다.

PART 3

Q 상위 노출에 유리한 키워드를 찾고 싶어요. → 119쪽

A 경쟁 상품 수와 월간 검색 수를 적절히 조합해 키워드를 찾는 것이 좋습니다.

Q 포토샵 없이 디자인하려면 어떻게 해야 하나요? → 130쪽

A 미리캔버스나 포토스케이프 같은 서비스와 프로그램을 이용하면 디자인을 못 해도 충분히 작업이 가능합니다.

Q 똑같은 도매처 상품이라도 경쟁력을 높이고 싶어요. → 140쪽

A 키워드, 가격과 패키징, 이미지까지 차별화하는 것이 좋습니다. 이 부분을 잘한다면 최저가 상품에 더 이상 목맬 필요가 없습니다.

PART 4

Q 상품명은 어떻게 지어야 할까요? 146쪽

A 스마트스토어의 경우 중복단어, 특수문자, 이벤트와 혜택, 저작권에 위배되는 키워드는 제목 사용을 제한하고 있습니다. 상위 노출을 위해서라도 위와 같은 키워드 사용은 피해 주시고, PART 3에서 알려드리는 키워드 전략을 사용해 제목을 만들어야 합니다.

Q 판매가는 어떻게 설정하나요? 149쪽

A 상품 마진은 최소 20%를 생각하고 잡아 주시는 게 좋습니다. 그리고 초반에는 판매가가 2만 원 이상 되는 상품을 올리는 것을 권장합니다. 5천 원대 상품을 초반에 올린다면 주문이 들어와도 몇 백 원 정도의 마진이라 운영에 재미를 잃을 수도 있습니다.

PART 5

Q 첫 주문이 들어왔어요! 배송은 어떻게 처리하나요? 170쪽

A 도매처에 주문을 넣고, 스마트스토어 판매자센터나 앱으로 손쉽게 처리할 수 있습니다.

Q CS를 손쉽게 해결하는 방법은 없을까요? 179쪽

A 템플릿을 미리 만들어 둔다면 클릭만으로도 CS 처리가 가능합니다.

Q 교환 및 반품은 어떻게 처리하나요? 174쪽

A 단순 변심이라면 도매처에 똑같이 접수해서 수거하도록 요청하고, 상품 불량이라면 고객에게 사전에 이미지를 받아 두는 것이 좋습니다.

Q 디자인 못 하는데 스토어 로고나 대표 이미지를 등록하고 싶어요 182쪽

A 무료 로고 만들기 앱과 미리캔버스 사이트로 똥손도 손쉽게 만들 수 있습니다.

PART 6

Q 내 스토어의 알림을 받는 단골을 늘리고 싶어요. 214쪽

A 소식 알림 혜택을 주고, 쿠폰을 설정할 수 있습니다. 알림받기 고객 수가 몇백 명이 넘어간다면 무료로 마케팅 메시지 발송을 통해 단골 확보가 가능합니다.

Q 무료로 마케팅을 하거나 리뷰를 늘릴 수 있을까요? 218쪽

A 스마트스토어 자체에서 리뷰 이벤트를 하고, 무료로 원쁠딜 서비스에 참여해 스토어의 노출과 고객 재방문을 노려 보세요.

목차

PART 1
하루 30분, 스마트스토어 부업으로 월급 자동화하기

PART 5
한 번 배우면 평생 남는 스마트스토어 운영 노하우

PART 6
입문자가 알아야 할 네이버 무료 마케팅

독자 한정 이벤트 소개

곰랜이 독자님들께 특별한 선물을 드립니다!

01 구매 인증+온/오프라인 서점 리뷰 작성 독자 대상
100% 증정 이벤트

> 영상으로 따라 하며 배우는
> **스마트스토어 필수 세팅 VOD**

+

> **혼자서도**
> **사업자 발급하기 VOD**

BONUS
카카오톡 채널 추가 시 강의 할인권 제공!

① 온/오프라인 서점에서 구매한 도서 리뷰를 남겨 주세요.

② 카카오톡을 실행하고 검색창에 '스마트스토어로 월급 벌기'를 입력한 후 채널을 추가해 주세요.

③ 카카오톡 채널 친구가 되면 안내받은 신청서에 도서 리뷰 캡처 이미지를 업로드해 주세요.

▲ 채널 추가 바로가기

02 〈스마트스토어로 월급 정착하기〉 카페 가입 가능

· 카페 내 수강생간 커뮤니티 활동으로 궁금증을 해결해 보세요.

· 각종 챌린지에 참여해 동기 부여 효과를 얻어 보세요.

· 플레이 오토 1개월 이용권을 제공합니다.

▲ 카페 바로가기

★★★★★ **직장인 N잡 시대, 왕초보도 할 수 있다** ★★★★★

★★★★★ **게으른 사람도 OK! 하루 30분, 한 달 세팅이면 월급 번다** ★★★★★

★★★★★ **저자 운영 카페에 가입해 독자 한정 혜택을 누린다** ★★★★★

PART **1**

하루 30분,
스마트스토어 부업으로
월급 자동화하기

01

작심삼일러도 취미처럼 시작하는 부업, 스마트스토어

☑ 10년 프로수강러가 스마트스토어로 정착한 이유

하루에 10분만 일하고도 쇼핑몰로 돈 벌 수 있다?

스마트스토어를 시작하기 전 저의 20대는 회피, 배움, 경험의 연속이었습니다. 100여 회의 클래스를 전전했지만 그중 꾸준히 지속한 것은 스마트스토어뿐이었죠. 직장 생활을 할 때, 매주 일요일 밤이면 출근 걱정에 '이렇게 사는 게 맞나?'란 생각을 끊임없이 했습니다. 적성에 맞지 않는다는 핑계로 회사에서 성장해야겠다는 의지도 다지지 않았죠.

막상 퇴사하면 불안해하면서, 회사에 머물 때는 '오피스'라는 큐브 안에 갇힌 삶이 싫었습니다. '이렇게 사는 건 내 인생이 아냐. 이보다 더 좋은 삶이 있을 거야!'라며 착각인지 확신인지 모를 마음으로 지내곤 했죠. 직장을 다니며 '근속'보다 '퇴사'를 생각한 날들이 더 길었습니다.

퇴근 후나 쉬는 날엔 더 불안해져 사람들을 만나거나 무언가를 배우러 다녔습니다. **가만히 있으면 아직도 좋아하는 일을 못 찾은 제가 게으르게만 느껴졌거든요.** 그렇게 각종 클래스만 100개는 수강한 듯합니다. 특정 사이트에서는 프리패스권을 끊을 정도였죠. **이런 제가 어떻게 스마트스토어만큼은 오래 지속할 수 있었을까요?** 객관적인 장점은 43쪽에서 설명하는 것으로 하고, 실제 운영하며 느꼈던 주관적인 장점을 알려 드리겠습니다.

매일 발행 없이 운영 가능

스마트스토어는 매일 새로운 콘텐츠를 발행하지 않아도 됩니다.

평소 무언가를 배우면 진득하게 하지 못하고, 금방 싫증을 내시나요? 블로그, 인스타그램, 유튜브로 매번 콘텐츠를 발행할 엄두가 안 나시나요? 저도 그랬습니다.

블로그나 브런치도 잠깐 운영해 봤지만 **콘텐츠를 꾸준히 발행해야 한다는 벽을 넘지 못했습니다.** 더군다나 저의 경우 유튜브도 잘 안 보고, 회사 다닐 때 업무상 SNS를 많이 다루었기 때문에 일상에서까지 운영하고 싶지 않았습니다.

하지만 스마트스토어는 달랐습니다. 처음 몇 달만 고생하니 매일 발행 없이 하루 10분만 일하고도 월급보다 더 큰 수익을 얻을 수 있었습니다.

저처럼 **초기 세팅 및 상품 등록만 잘하고,** 효자 상품이 생긴다면 3개월~1년, 혹은 그이후까지 **신규 상품을 등록하지 않아도 수익을 낼 수 있습니다.** 저의 수강생분들 중에서도 한 개의 위탁 상품으로 월 500만 원 이상을 달성한 사례가 있고, 저 역시 2년간은 위탁 상품 3개로 월급보다 많은 돈을 벌며 지냈습니다.

시간도 그렇게 많이 소모되지 않습니다. 상품 등록만 해 놓으면 나머지 작업은 오래걸리지 않기 때문에, 예외적으로 발생하는 CS 이슈를 제외하면 일상 생활을 하면서도충분히 지속할 수 있습니다.

특히 **단골 도매처가 생기면 매일 10~20분 정도, 엑셀로 주문 번호와 송장 번호만 업로드**하면 되기 때문에 훨씬 더 간편해집니다.

일상, 지식, 기술 어필 없이 운영 가능

요새 온라인 부업 시장은 확실히 나를 드러내야 살아남는 시장인 듯합니다.

맛집이나 여행 후기부터 시작해 영화평까지 내 일상이나 생각을 SNS에 잘 포장해서남겨야 합니다. 유튜브 역시 타인을 모방하지 않는 한 남다른 취미나 기술이 있어야합니다. 그렇기에 자기 어필을 좋아하고 잘하는 사람만이 살아남는 시장으로 보이기도 합니다.

반면 스마트스토어는 자신을 드러내지 않아도 됩니다. 상품만 신경 써도 되는 시장입니다. 저의 경우 온라인에서 저를 드러내는 일에 익숙하지 않았습니다. SNS를 관리할만큼 부지런하지도 않고요. 요즘 강의나 미팅을 할 때도 상대방을 직접 만나 소통하고반응을 캐치할 수 있는 방식을 선호합니다.

만약 저처럼 온라인에서 나를 드러내는 데 익숙하지 않다면 스마트스토어를 시작하는것을 강력 추천합니다.

TIP

운영하다가 더 많은 수익을 내고 싶다면 해당 제품을 직접 사입하고 브랜딩해서 셀러로 전환하는 것도 추천합니다.

0원으로 새로운 마케팅 기술 습득 가능

시시각각 변하는 상품 트렌드를 살피는 것만큼 좋은 마케팅 공부는 없습니다. 그러나 보통 쇼핑몰을 운영하려면 돈이 많이 들어가죠. 스마트스토어의 경우는 무료로 도메인 주소를 제공받고, 스토어 꾸미기나 마케팅 메시지 발송까지 할 수 있습니다. 이렇게 다 펴 주는 쇼핑 플랫폼은 국내에서는 아마 스마트스토어가 유일무이하지 않을까 싶습니다.

셀러가 되면 많은 상품들을 찾아보고, 등록하고, 판매하게 될 것입니다. 그 후 **고객이 어떤 상품이나 판매 방식에 반응하는지, 마케팅 전략은 물론 고객의 심리까지** 배울 수 있습니다. 강의실이 아닌 현장에서, 실제로 체감하며 익히게 되는 것입니다.

전략을 보는 눈을 키우면 비단 스마트스토어에만 도움이 되는 것이 아닙니다. **오프라인 사업, SNS 마케팅은 물론 개인 브랜딩을 할 때도 충분히 적용**할 수 있습니다. 저는 마케터로 5년 이상 근무했지만 회사 업무보다 스마트스토어를 통해 배운 것이 훨씬 많습니다. 이처럼 **스마트스토어에 도전하는 것 자체로 상품 트렌드를 보는 눈과, 1인 기업 마인드, 돈 주고도 배울 수 없는 마케팅 전략까지 얻을 수 있습니다.**

최선을 다해 스토어를 운영한다면 설령 셀러가 적성에 안 맞아서 다른 부업에 도전할 때도 적용시켜 볼 수 있습니다. 저는 유튜브나 인스타그램과 같은 SNS 채널을 활발히 운영하지 않는데도 **와디즈에서 첫 펀딩에 3억 3천만 원을 달성**했습니다. **역대 스마트스토어 분야 펀딩 중 1위**라는 놀라운 수치였죠. 현재까지도 강의로만 월 천만 원의 수익을 내고 있습니다(2023년 3월 기준). 이렇게 강의를 성공적으로 이끌 수 있었던 비결도 **스마트스토어에서 상품을 판매하며 고객의 마음을 사로잡는 노하우**를 배운 덕분입니다.

개인 정보 보안에 강한 스마트스토어

개인몰을 오픈하여 상품을 판매했다가 고객 개인 정보가 유출되는 사고가 발생하는 경우가 있습니다. 초보 셀러의 경우 적절히 대응하지 못해 더욱 큰 문제로 이어지기도 합니다.

네이버는 대형 플랫폼이기 때문에 개인 정보 유출 위험이 적습니다. 만에 하나 사고가 발생하더라도 '네이버 페이 보안' 이슈일 확률이 높기 때문에 고객이 우리에게 컴플레인 할 확률도 낮겠죠.

TIP

'개인 정보' 관련 이슈는 소송까지 이어질 수 있기 때문에 사전에 문제 소지를 만들지 않는 것이 중요합니다.

TIP

43쪽에서는 타 플랫 폼과 비교하여 스마트스토어만의 장점들을 보다 상세하게 다룰 예정이니 참고해 주세요.

지금까지 저의 사례와 연관 지어 스마트스토어의 강점을 소개했습니다. **'저렇게 방황한 금랜도 했는데 나라고 못 할 건 없겠다.'**는 마음으로 앞으로 책을 펼쳐 주세요. 쇼핑몰 운영에 대한 부담을 덜고, 좀 더 자신감을 갖고 한 걸음 나아갈 수 있을 것입니다.

② 평범한 직장인이 부업으로 월급 정착할 확률은?

통계청에 따르면 2022년 5월 기준 부업 인구는 60만 명으로, 직장인 세 명 중 한 명꼴로 부업에 도전해 본 적 있다고 합니다. 더군다나 무려 50만 개나 되는 스마트스토어가 존재합니다. 그럼 여기서 묻겠습니다.

레드 오션인 부업과 스마트스토어 시장에서 성공할 확률은 얼마나 될까요?

네, 매우 희박합니다. 유입되는 부업 인원만큼 부업 콘텐츠 역시 쉴 새 없이 뽑내듯 나오고 있습니다.

'월 천만 원', '하루 30분', '떠먹여 주는', '누구나 할 수 있는'……. 시중에서 만날 수 있는 수많은 정보와 수익화 사업은 이런 자극적인 말들을 쏟아내며 사람들을 유혹합니다. 어쩌면 제가 쓴 스마트스토어 책도 예외는 아닐 수 있습니다.

우리의 뇌는 자극적인 정보에 약합니다. 당장 날 구해 줄 것만 같은 매혹적인 문구에 혹해 나도 모르게 결제 버튼을 눌러 버리는 거죠.

퇴사하고 싶은 마음만 앞서 적성에 맞을지, 지속 가능할지 고려하지 않고 호기심에 시작합니다. **그런데 막상 시작해 보니 재미도 없고, 제대로 된 방법도 알지 못하니 금세 포기하게 되죠. 부업을 해야 하는 목표 의식이 없으며 동기부여도 안 되고, 의지를 잡아 줄 코치나 동료도 만나기 어렵죠.** '무언가를 시도했다'는 자기 위안만 남습니다. 사실은 현실을 회피하는 것과 다르지 않습니다.

지금까지 얘기한 내용은 20대의 제 이야기입니다.

저 역시 많은 것을 배우고 경험했습니다. 하지만 빠르게 포기하기도 했죠. 다양한 수강생분들을 만나다 보니, 그 시절의 저와 같은 상황에 빠져 있는 사회초년생들과 대화를 나눌 일이 많습니다. 이미 같은 고민을 수십 수백 번 한 후 나름의 답변을 구할 수 있게 된 입장으로서, 저의 경험을 살려 그들의 시행착오를 줄여 줘야겠다 다짐하게 되었습니다.

많은 분들이 매일 밤, 내일이면 다가올 출근이 끔찍하게 느껴져 이대로 살면 안 되겠다고 생각하지만 쇼핑몰 부업은 '사업'이라는 생각에 부담스러워 시도조차 하지 않습니다. 그러나 주변에서 월 천만 원 이상의 수익을 내는 사람을 떠올려 보세요. 대부분 자기 사업을 하고 있을 것입니다.

스마트스토어 역시 '쇼핑몰 사업'이라는 생각에 어렵게만 여기는 분이 많습니다. 무료로 얻을 수 있는 정보도 많지만, 일부 정보는 '이게 맞나?' 싶을 정도로 자극적이고 제대로 된 커리큘럼이다 싶으면 수강료가 지나치게 비쌉니다. 돈을 벌기도 전에 돈부터 써야 하는 일이 발생하는 거죠. 이렇다 보니 입문자들은 원데이 클래스나 유튜브 콘텐츠를 기웃거리다가 시작 단계부터 포기하고 다른 부업거리를 알아봅니다.

저도 이런 경험을 해 봤기에 강사로서 고민이 많았습니다. 강의만 듣고 끝나지 않도록, 스마트스토어를 탄탄하게 구축하는 데 지속적인 도움을 주고 싶었기 때문입니다. **따라서 수강생분들 간 소통이 가능한 오픈채팅방을 운영하고 이벤트로 무료 챌린지와 특별 강의를 진행하며, 단독 위탁 상품을 제공**하기도 합니다.
저와 **직접 Q&A로 소통할 수 있는 카페 게시판**을 만들기도 했습니다.

몇몇 사람들은 왜 이렇게까지 하냐고 묻습니다. 강의가 끝났는데 뭐 하러 시간을 쪼개가며 수강생들에게 이런 노력을 기울이냐고요. 그러나 제게는 수강생분들 한 명 한 명이 **'얼마를 투자했는지'가 아닌 '어떻게 실행하고, 어떤 결과를 냈는지'**가 제 '업'을 지속하는 데 훨씬 더 큰 도움이 됩니다. 이 책을 보고 있는 독자님에게도 같은 마음입니다. 독자님들을 대상으로 카페를 열어 둘 예정이니 기회가 된다면 챌린지나 무료 강의에도 꼭 참여하시길 바랍니다.

단, 책을 읽는 동안은 **'상품 등록까지만 해야지.'라는 생각으로 이 책에서 소개한 내용을 따라 해 보세요.** 익숙해지면 하루 10분~1시간만 투자해도 스마트스토어를 운영할 수 있게 됩니다. 입문자분들이 다가가기 쉽게 이론부터 실습까지 눈높이에 맞춰 알려드리겠습니다. 저의 사례를 솔직하게 보여드리면서요.

목표를 달성하면 언제라도 편하게 안부 전해 주세요. 항상 기다리고 있겠습니다.

🖐 TIP

다만 동기부여의 중요성을 알기에 모든 분에게 동일한 혜택을 드리지는 않고, 성실하게 잘 수행하시는 분들에게만 강의 혜택이나 비밀 혜택을 드리는 편입니다.

③ 하루 30분 vs 하루 6시간, 월 200만 원 셀러의 차이

어떻게 하면 하루 30분보다 덜 일할 수 있을까?

억대 연봉을 달성하는 것은 힘들지라도, 요즘 시대에 **부업으로 월 50~300만 원을 더 버는 건 어렵지 않습니다.** 다만 그 돈을 벌기 위해 **매일 2시간 이상 노력해야 하는지, 단 10분만 투자하는지의 차이**만 있을 뿐입니다.

쇼핑몰 운영자로 치면 **매일 포장해서 발송하는 사람과 한번 등록한 상품으로 1년 내내 송장 번호만 입력하는 사람**으로 나눌 수 있습니다.

스마트스토어에 처음 상품을 등록할 때는 과정이 더디고 고생스럽게 느껴질 수 있습니다. 그러나 그 상품들이 어느 순간 효자 상품이 된 이후부터는 하루 30분, 아니 10~20분 자동화도 충분히 가능하다는 점을 강조합니다.

이 책은 초창기의 저처럼 아무 정보도 없고 힘도 없는 평범한 왕초보자를 위해 쓰여졌습니다. 자금 압박이 있으나 사업을 생각하는 분들, 구매 대행부터 하려는 분들, 위탁 도매가 무엇인지 알고는 있지만 회의적인 분들 모두 위탁 판매로 시작할 수 있게 기반을 잡아 드릴 것입니다.

잘 파는 셀러는 많습니다. 그러나 남들과 이미지까지 똑같은 상품을 잘 파는 셀러는 별로 없습니다. 만약 내가 관심 있는 쇼핑몰의 상품을 이미지까지 그대로 가져와서 나만의 방식으로 팔 수 있다면 어떨까요? 훨씬 쉽게 느껴지겠죠?

누적 후기 1,000개 위탁 판매 노하우

원데이 클래스, 심화 스터디, 전자책, 컨설팅 등을 통해 지난 3년간 수백 명의 대표님을 만났고, 올해는 와디즈 펀딩과 스토어 판매를 통해 수강생 4,500명, 누적 후기 1,000건 이상을 달성했습니다.

'전략'이라 일컫는 비싼 강의를 듣다가 돌고 돌아 저를 만난 후 함께 수익을 낸 대표님도 있고, 지속적으로 상세 페이지 컨설팅을 요청하는 기업들도 있습니다. 동업 예정인 대표님도 있죠.

이 책의 강점은 쇼핑몰로 수익을 내기도 전에 제품 사입 및 마케팅에 돈을 쓰지 않게 도와드린다는 점입니다. 스마트스토어가 처음인 입문자를 위한 이론과 매뉴얼부터, 아직 스토어를 안정화시키지 못한 초보자를 위한 전략을 함께 알려 드리겠습니다.

> **TIP**
>
> 여담이지만, 이 전략을 처음 배운 저의 첫 원데이 클래스 제자들이 저에게 스터디를 요청하기도 했습니다. 이후 수강생 중 한 분은 위탁 상품 1개로 월 1,500만 원의 매출을 기록했고요!

④ 한 달만 고생해서 하루 30분 월급 정착하기

오늘 딱 20분만 책상에 앉아 있자

스마트스토어 운영을 결심했다면 매일 실천하는 작은 습관을 만들어 보세요.
혹시 부자들이 쓴 자기계발서를 읽은 후, 오히려 의욕이 꺾였던 경험은 없으신가요?
공감되지 않고, 시작하기 겁났던 경험은요?

성공한 사람들의 회고록을 보면 그들이 삶에서 실천하고 있는 여러 가지 행동 양식을
엿볼 수 있습니다. 몰입, 명상, 감사 일기, 목표 외치기 등 멋진 지침이 많죠. 당연히 하
면 좋습니다. 하지만 실천하는 분들이 많지 않은 게 현실입니다.

특히나 저 같은 **'작심삼일러'들은 목표와 습관을 부담스럽지 않게 쪼개야 오랫동안 실
천할 수 있습니다.** 처음부터 큰 목표를 설정해 두면 며칠 해 보다가 완주할 엄두가 나
지 않아 포기하기 마련입니다. 반면, 목표를 잘게 쪼개면 '작심삼일'을 여러 번 해도 결
과를 조금씩 달성해 나갈 수 있습니다.

저의 경우 이를 돕기 위해 '스마트스토어 운영 쪼개기' 콘셉트의 한 달 플래너를 제작
하여 전자책 구매자와 강의 수강생을 대상으로 배포하고 있습니다.

▲ 한 달 플래너를 통해 목표 쪼개 보기

할 일을 쪼개 주니 많은 분들이 더 쉽게 접근하시더라고요. 저의 예상보다도 좋은 반응을 보고 '내 접근 방식이 틀리지 않았구나.' 하는 확신이 들었습니다. 이 책을 보는 독자님도 본인만의 플래너를 만들어 보는 것을 추천합니다. 간단한 체크리스트도 좋고, 정리하기 어렵다면 메모장에 남기는 것도 괜찮습니다. 습관을 만들 수 있다면 어떤 방식이든 상관없습니다.

단, 하루 실행 목표는 작게 잡는 것을 권장합니다. 저도 초기에 스마트스토어를 운영할 때는 '**책상에 딱 20분만 앉아 있자.**'라고 최면을 걸었습니다.

상품 등록으로 예를 들면 '**한 달 동안 딱 20개만 등록하고, 하루에 1건씩 판매하자.**'라는 세부 목표를 잡아 봅니다. 20개의 상품 중 3~4개의 상품이 하루 한 개씩만 팔려도 한 달이면 직장인 월급 정도의 수익을 낼 수 있습니다.

또한, 초반에는 단기 프로젝트라고 생각해도 좋습니다. 지금이 5월이라면 6월까지 한 달 동안 20개의 상품을 등록하고, 8월 31일까지만 운영하겠다, 하루에 한 개씩 못 팔면 그만두겠다는 심정으로요. 물론 정말 그만두라는 의미는 아니지만, 포기하고 싶을 때는 **끝이 있다고 생각하고 운영하는 것도 도움이 됩니다.**

예시로 든 '한 달 20개'는 최소 수량이고, 지속 가능하다면 세 달 기준으로 50개 정도는 등록해 두는 것이 안전합니다. '50개'라고 하니 너무 많게 느껴지나요? 일을 쪼개면 그리 많지 않습니다.

💬 **잠깐만요** **부업 자신감 기르기**

스마트스토어가 아니더라도 부업이든 무슨 일이든 오래 하고 싶다면 목표를 만들고, 그 일에 대한 자부심과 나에 대한 자존감을 기르는 것이 매우 중요합니다.

《내 자존감을 폭발시키는 10초 습관》이라는 책을 인상 깊게 읽은 적 있습니다. 이 책에서는 목표를 이루고 싶다면 환경을 바꾸고, 내면의 자존감을 기르라고 말합니다. 물리적 환경보다는 내면의 환경을 바꾸는 것이 중요하기 때문에 하루 딱 10초 시간을 긴 축으로 바라보는 연습을 하라고 강조합니다.

우리의 인생을 점이 아니라 긴 선으로 보는 거죠. 비록 지금의 상황이 만족스럽지 않더라도, 잘못한 일을 떠올리기보다는 먼 과거와 비교해 발전한 내 모습을 그리는 겁니다. 예를 들어 10대 때의 나보다 발전한 자신을 계속 상기시켜 주는 겁니다. 이 과정을 지속적으로 실행하다 보면 자존감 상승은 물론 원하는 목표에 가까이 다가갈 수 있다고 합니다.

잠시 책을 덮고 스마트스토어를 하는 이유가 무엇인지, 내가 부업을 통해 이루려는 목표가 무엇인지 생각해 보길 바랍니다. 아마 절반 이상은 '돈을 벌기 위해', '퇴사하기 위해'라고 답했을 것 같습니다. 그렇지만 앞으로는 청사진을 조금 다르게 만들어 주세요.

세상에는 다양한 유형의 사람이 있죠. 취미도 성향도 가치관도 전부 다릅니다. 단순히 돈을 버는 것을 떠나, 스마트스토어를 통해 이루고 싶은 구체적인 목표를 3개월, 6개월, 1년 단위로 나누어 작성해 보길 권장합니다. 그러고 나서 매일 하루 10초라도 작은 일에 발전한 자신을 상기시켜 보세요. 원하는 길을 깨닫고, 자존감을 키워야 지속하는 힘도 생기는 법입니다.

02

인생에 한 번쯤은 쇼핑몰 부업을
해 봐야 하는 이유

■ 지금 온라인쇼핑 시장은 어떨까?

경기 불황에도 성장하는 온라인쇼핑 시장

온라인쇼핑 시장은 코로나, 금리 인상 등의 이슈와는 상관없이 성장하고 있습니다.
2022년 11월 기준, 개설되어 있는 스마트스토어는 50만 개가 넘습니다. 우리가 과연
50만 개의 스마트스토어 중에서 살아남을 수 있을까요? 이렇게 생각하면 까마득하기
만 합니다.

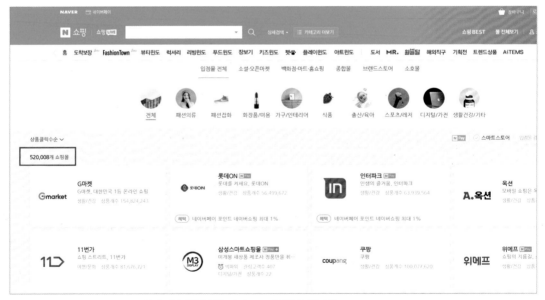

▲ 50만 개 이상 개설되어 있는 스마트스토어(2022년 11월 기준)

그러나 거대한 숫자에 지레 겁먹기 전에 봐야 할 자료가 있습니다. 매년 통계청에서 발표하는 온라인쇼핑 동향 지수입니다. 아래의 자료를 보면 **온라인쇼핑 거래액이 전년 대비 약 1조 원 이상 증가했음**을 알 수 있습니다.

▲ 온라인쇼핑 동향(2022년 11월, 통계청)

이러한 성장세는 2022년도 자료에만 국한되는 것은 아닙니다. **지난 10년간 온라인쇼핑 거래액은 연평균 1조 원 이상 증가**하고 있습니다. 심지어 최근과 같은 경기 침체기에도 사람들의 쇼핑 욕구는 사라지지 않습니다. 이러한 이점을 알고, 스토어를 잘만 운영한다면 시장을 기회의 발판으로 삼을 수 있습니다.

1분 안에 스마트폰으로 쇼핑할 수 있는 시대

온라인쇼핑 거래액이 증가한 데는 여러 가지 요인이 존재합니다.
새로운 아이템이 계속 등장하고, 쇼핑 커머스 및 플랫폼의 다양화는 물론 배송 시간이 단축되었다는 점도 한몫합니다.
특히 스마트폰 터치 몇 번이면 언제 어디서든 쉽고 빠르게 물건을 구매할 수 있다는 점도 주목할 만합니다. 앞의 통계를 살펴보면 모바일쇼핑 거래액 역시 2021년 11월, 12조 1,796억 원에서 2022년 13조 3,477억 원으로 전년 대비 1조 원 이상 증가했다는 것을 알 수 있습니다.

이제 사람들은 장소와 시간에 구애받지 않고, 스마트폰 하나로 간편하게 쇼핑합니다. 쇼핑이 간편해진 만큼 플랫폼에 체류하는 시간은 줄어들고, 구매 비율은 훨씬 높아졌습니다.
PC로 쇼핑하던 시절엔 오늘 당장 필요한 제품이 있어도, 컴퓨터가 있어야 결제가 가능하니 그만큼 고객에게 고민할 시간이 주어졌습니다. 네이버 페이 등 간편 결제가 활성화되기 이전에는 결제 방식도 다소 불편했죠. 배송 기간 역시 현재보다는 길었습니다. 그러나 지금은 **1분 안에 물건을 구매할 수 있는 시대**입니다. 아무리 바쁜 직장인이어도 출퇴근 길에 스마트폰으로 필요한 상품을 바로 구매할 수 있는 것이죠. 실제로 3만 원 이하의 제품은 상품 체류 시간이 평균 1분도 되지 않습니다.

인생에 한 번은 쇼핑몰을 운영해 봐야 한다

우리가 깨달아야 할 사실이 하나 있습니다.
새로운 정보가 쏟아지고 부업의 트렌드가 변화해도 온라인쇼핑 시장만큼은 망하지 않는다는 것입니다.
물론 스마트스토어는 언젠가 사라질 수 있습니다. 그러나 온라인쇼핑 시장은 어떤 형태로든 지속될 것입니다.

스마트스토어에서 물건을 판매하며 쇼핑몰 운영 기술을 익혀 둔다면 다양한 분야에서 실력을 발휘할 수 있습니다. 스마트스토어가 아닌 다른 쇼핑몰을 운영하는 데에도 밑거름이 될 뿐만 아니라, 경기나 시즌에 따라 판매하는 상품을 달리할 수도 있고요. 기본 전략을 이미 알고 있기 때문에 나이가 들어도 해당 연령대에 필요한 상품을 판매할 수 있습니다. 또는 취미나 지식 기술, 즉 저의 경우처럼 강의나 전자책 등을 판매해 수익을 창출할 수도 있겠죠.
앞에서도 언급했듯, 저 역시 스마트스토어를 운영해 본 경험이 없었다면 와디즈 첫 펀딩으로 스마트스토어 강의 분야 1위, 달성액 3억이라는 결과를 얻기는 힘들었을 겁니다.

▲ 스마트스토어 강의로 와디즈 펀딩 3억 달성

스마트스토어를 운영해 본 경험 덕분에 온라인에서 상품을 판매하는 기술을 터득했고, 더 나아가 저의 노하우를 온라인 시장에서 잘 판매할 수 있게 되는 선순환이 이루어졌습니다. 실제로 마케터나 MD 경력이 있는 경우 쇼핑몰을 더 수월하게 운영하곤 합니다. 온라인쇼핑 시장은 마치 사슬처럼 엮여 있다고 보면 됩니다.

이제 **'요즘엔 이게 대세래. 너도 해 봐.'라는 말에서 벗어나세요.** 망하지 않는 온라인 시장에서 오래갈 수 있는 부업이 여기 있습니다. 이곳에서 나만의 역할을 부여하세요. 게임처럼 생각해도 좋습니다.

저 역시 예전에는 실 수령액 월 200만 원대의 월급을 받는 평범한 직장인이었습니다. 독자님과 동일한 선상, 혹은 그보다 낮은 지점에서 시작했습니다. 게다가 의욕만 앞섰지 실행력은 꽝이었죠. 그런 제가 스마트스토어를 만나 상상치 못한 성과를 이뤘습니다. 제가 했으니 독자님도 할 수 있습니다. 앞으로 책장을 펼치면서 '할 수 있다.'는 마음을 새기시길 바랍니다.

쇼핑몰, 왜 다들 어려워할까?

쇼핑몰 운영을 망설이는 이유가 무엇인가요? 아마 많은 분이 다음의 이유를 꼽을 것 같습니다.

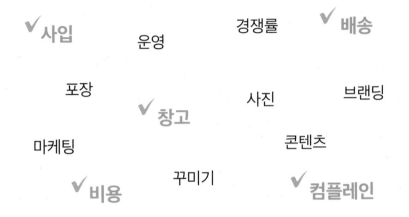

그중에서도 **가장 걱정되는 건 '비용' 아닐까요?** 쇼핑몰을 운영하면 초기 비용이 많이 들고, 시작하기도 전에 몇백만 원을 투자해야 한다고 믿는 분이 많습니다.

그렇다면 이 방법은 어떨까요? **누가 나 대신 상품 이미지를 제공하고, 포장 배송도 해 준다면?** 아래 문제들만 해결한다면 쇼핑몰로 부업하기가 훨씬 쉬워질 것 같지 않나요?

허황된 이야기가 아닙니다. **스마트스토어로 시작하는 국내 위탁 판매**로 가능합니다.

최근에는 여러 유튜브 채널이나 사설 강의에서 위탁 판매를 소개하여, 많은 사람들이 위탁 판매에 대해 잘 인지하고 있습니다. 위탁 판매에 도전하는 사람들도 많아지는 추세지만 그만큼 잘못된 정보들도 즐비합니다. 그러다 보니 '위탁 판매는 돈이 되지 않는 다.'는 편견을 가진 사람도 많습니다.

위탁 판매가 매력적인 이유는 **기술이 없는 평범한 직장인이 비용 리스크 없이 시작**할 수 있기 때문입니다. 실패하더라도 '시간' 외에는 손해 본 것이 없다고 말할 수 있을 정도로 초기 자본이 들지 않습니다. 즉, **0원으로 쇼핑몰을 운영할 수 있는 최적의 방법**입니다.

💬 **잠깐만요** 스마트스토어 운영으로 키우는 '대표 마인드'

저는 개인적으로 스마트스토어를 운영하며 '대표 마인드'를 장착하게 되었고, 그로 인해 삶을 대하는 태도 전반에 큰 변화를 맞이했습니다. 삶에 대한 주인 의식이 부족하다면 스마트스토어를 운영하며 '대표 마인드'를 기를 수 있습니다.

탄탄한 미래가 그려지지 않나요? 부업에 대한 자신감이 들지 않나요? 우선 직접 부딪히며 1부터 10까지 스스로 경험해 보세요. 스마트스토어로 위탁 상품을 판매한다면 0원으로 사장님 체험이 가능합니다.

스토어 꾸미기부터 마케팅, 쿠폰 발행, 상위 노출도 해 보고요. 아주 간단한 판매 분석이나 회계도 해 보는 거죠. 나중에는 세금 신고도 혼자 할 수 있습니다. 자본금 없이 자영업에 도전하는 겁니다.

'아! 별걸 다 해 보는구나. 어디 가서도 굶어 죽진 않겠다.'

온라인 시장에서 혼자 모든 것을 시도해 보면 이런 마음이 저절로 듭니다. 쉽게 할 수 있는 경험이 아니므로 나를 성장시키는 좋은 기회라고 생각해 보세요.

② 스마트폰으로 고객 CS를 5분 안에 해결할 수 있다면?

쇼핑몰 운영을 꺼리는 분들 중 '고객 CS가 귀찮고 싫어서'라는 이유로 망설이는 경우를 많이 봤습니다. 그러나 스마트스토어는 **판매자 앱을 통해 클릭 몇 번이면 문의 응대가 가능**합니다.

고객 컴플레인이 걱정된다면 반대 입장에서 생각해 보면 됩니다. 우리가 상품을 구매할 때 판매자에게 문의를 얼마나 하는지, 어떤 상황에서 문의를 남기는지를요.

일반적으로 고객들은 상품 배송이 늦어지거나 반품, 교환하고자 할 때 문의를 남깁니다. **사이즈나 색상 이슈가 많은 의류, 고가의 제품, 가전 제품, 민감한 아동 용품을 제외하면 CS 문의는 생각보다 많지 않습니다.**

특히 구매 전 문의는 주로 배송 문의가 80% 이상을 차지합니다. 쉽게 답변 가능한 질문이죠. 그러나 이마저도 운영을 하다 보면 귀찮아지곤 합니다.

스마트스토어에서는 **판매자와 고객을 이어 주는 '톡톡'이라는 챗봇 메신저**로 CS 문의 답변을 매우 손쉽게 할 수 있습니다.

▲ 네이버 공식 톡톡 소개 화면

▲ 네이버 공식 톡톡 소개 화면

평균 배송일, 배송 현황, 주문 취소 등 **평소 인입이 많은 문의에 대한 답변을 '톡톡'이라는 챗봇이 대신 해 주죠.** 최근엔 네이버에서 CLOVA AI 기술을 활용해 스토어 인기 문의들을 알아서 취합하고, 답변을 만들 수 있는 기능까지 구현하여 **직접 타이핑하지 않아도 간단한 고객 문의 응대가 가능**합니다.

▲ 스마트스토어 AI FAQ 설정 화면

톡톡 외에도 **상품 문의 게시판에서 답변 템플릿을 미리 만들어 둘 수** 있습니다. 자주 들어오는 문의에 대한 답변을 준비해 놓은 후, 관련 문의가 들어왔을 때 템플릿을 불러오면 됩니다.

> 💡 **TIP**
>
> PART 5에서 답변 템플릿 등록하는 방법을 배울 예정이니 지금은 이런 기능이 있다는 것 정도만 이해하고 넘어가도 좋습니다.

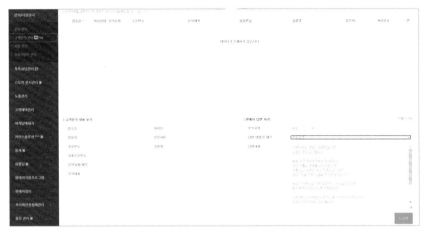

▲ 스마트스토어 상품 문의 게시판 화면

3 상품 소싱하는 3가지 방법

위탁 판매를 배우기 전에 상품을 구하는 방법을 알아봅시다. 크게 세 가지로, 제조사를 통한 대량 사입, 해외 직구, 국내 도매 위탁 판매가 있습니다. 이 중 우리가 배울 것은 국내 도매 위탁 판매 방식입니다.

① 제조사 대량 사입

새로운 물건이나 나만의 브랜드 제품을 만들고 싶다면 공장과 거래해야겠죠? 제조사 대량 사입은 **제조사와 거래해서 제품을 대량으로 선구매하는 방식**입니다. 개인도 온라인을 통해 공장과 직접 거래할 수 있습니다.

제조사 대량 사입 방식을 선택하는 경우 대표적으로 **중국의 알리바바와 1688** 등의 플랫폼을 이용합니다. 알리바바에는 한국어 및 영어 변환 서비스가 잘 갖춰져 있어 처음 시작하시는 분들이 거래하기 용이합니다. 1688은 중국어 버전 알리바바로, 가격이 저렴한 반면 현지어인 중국어로 되어 있습니다. 중국어에 능통하지 않다면 에이전시를 활용하는 경우가 많으며, 보통 사입이나 직구를 많이 해 본 셀러들이 애용합니다.

▲ 알리바바 사이트 메인 화면

▲ 1688 사이트 메인 화면

제조사와 직거래 시 **판매 마진을 최소 30% 이상 남길 수 있다**는 장점이 있습니다. 셀러들은 평균적으로 판매 마진을 50% 이상 예상하며 제조사와 거래를 진행합니다.

또한, 평범한 제품이라도 담당자와 협의하에 브랜드 로고를 넣거나 포장 패키지를 새롭게 만들어 차별화할 수도 있습니다. 아예 시장에 없는 새로운 상품을 개발할 수도 있고요.

하지만 공장이 우리를 위해 상품을 한 개만 만들어 주진 않겠죠? 대량 사업의 단점은 '대량 사업'이라는 말 그대로 최소 주문 수량이 존재한다는 것입니다. **일반 생활용품 기준 최소 100개 이상 선구매**해야 합니다. 알리바바에는 제조사가 아닌 도매처도 많이 존재하기 때문에 최소 수량이 1개로 되어 있는 곳도 있기는 합니다. 하지만 최저가 판매, 운송비 등을 고려하면 제조사와 거래해야 판매 마진을 높일 수 있습니다.

▲ 알리바바에서 주방용품 검색 시 검색되는 상품들

이뿐 아니라 **중국에서 한국까지 오는 운송 절차, 보관 장소, 고객 배송 문제** 등 부가적인 부분까지 전부 신경 써야 합니다. 이런 위험 요소가 존재하기 때문에 위탁 판매로 시작해 판매에 대한 감을 잡은 후 진입하는 것을 추천합니다.

❷ 해외 배송 구매 대행

구매 대행은 쉽게 말해 **해외 직구**라고 이해하면 좋습니다. **해외의 도매처와 직접 거래해 현지에서 고객에게 바로 배송하는 판매 형태**입니다. 국내에서는 구할 수 없는 해외 상품이거나 혹은 대량 사입은 겁나고 국내 도매처에는 판매하고 싶은 아이템이 없는 경우 도전하면 좋습니다.

대표적으로 **중국의 타오바오, 알리 익스프레스**가 있습니다. 대량 사입 방식과 달리 중국 도매처와 거래하기 때문에 1개 단위로도 구매가 가능합니다.

▲ 타오바오 사이트 메인 화면

▲ 알리 익스프레스 사이트 메인 화면

구매 대행은 **국내 상품 대비 상품 선택 폭이 넓으며, 아이템만 잘 소싱한다면 해외 배송 상품으로도 사입 상품만큼의 판매 마진을 가져갈 수** 있습니다. 국내 도매처 중 알리바바나 타오바오 상품으로 셀러들에게 판매하는 곳도 많습니다. 또한, 1개 단위로도 구매가 가능하기 때문에 다양한 상품을 스토어에 올려도 비용 부담이 없습니다.

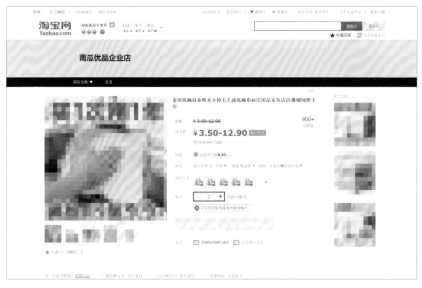

▲ 타오바오 주방용품 검색 후 최소 구매 수량 1개 예시

단점은 **선택할 수 있는 상품군은 많지만 판매가 잘되는 카테고리가 적다**는 점입니다. 예를 들어, 평범한 수납함을 구매할 때 긴 배송 기간과 비싼 배송비를 부담하며 해외에서 구매하지는 않죠? 직구로 잘 판매할 수 있는 아이템을 공부해야 합니다.

또한, **상품 불량률이 다소 높습니다.** 현지에서 검수 없이 고객에게 배송되는 경우가 종종 있으며, 고객 배송 기간이 긴 만큼 컴플레인이 발생할 우려가 있습니다. 따라서 타오바오를 이용할 때는 '중국 배대지'를 검색해서 중국에서 우리 대신 상품을 검수하고 배송해 줄 업체를 찾는 것이 바람직합니다.
이런 점 때문에 막 시작하는 단계의 초보자 셀러에게 구매 대행 방식은 까다로울 수 있습니다.

❸ 국내 도매 위탁 판매

위탁 판매는 **국내 도매 사이트 상품을 선등록 후 판매하는 방식**입니다. 도매처에서 제공하는 상품 이미지를 스토어에 업로드한 후, 고객의 주문이 들어올 때 우리도 해당 도매처에 주문하면 됩니다.

대표적으로 **도매매, 오너클랜 등의 대형 도매 사이트**를 이용합니다. 이 외에도 수백 개의 다양한 도매 사이트가 존재하며 보통은 상세 이미지까지 제공하기 때문에 선등록, 후구매가 가능합니다. 평소 쇼핑몰에서 상품 구매하듯 이용하면 됩니다.

▲ 도매매 사이트 메인 화면

▲ 오너클랜 사이트 메인 화면

위탁 판매는 **제품을 미리 구매하지 않기 때문에 보관, 포장, 배송 부담이 없다**는 장점이 있습니다. 주문이 들어오기 전까지는 비용이 들지 않고, 촬영과 디자인 역시 도매처의 이미지를 사용하기 때문에 비용과 시간 측면에서 여유가 부족한 분들에게 최적의 방법입니다.

 TIP

심한 경우 수백 명의 셀러가 같은 제품을 판매하기도 합니다.

단점은 **동일한 제품을 여러 명의 셀러가 등록하기 때문에 판매 경쟁력이 상당히 떨어진다**는 것이겠죠. 위탁 판매를 하다가 포기하는 경우의 90% 이상이 판매 경쟁력 때문이라고 해도 과언이 아닙니다.

그러나 **전략을 잘 습득한 후, 상품의 차별성을 고객에게 인지시키는 과정을 쌓아 올린다면 충분히 상품을 잘 판매할 수 있습니다.** 이런 점만 극복할 수 있다면 쇼핑몰을 처음 시작할 때 가장 좋은 방법입니다. 비용을 투자하지 않고도 어떤 상품이 잘 나가는지 체감할 수 있고, 잘만 운영한다면 많은 노력과 시간이 소요되는 브랜딩 과정 없이도 월 50~500만 원 이상의 수익을 낼 수 있기 때문입니다.

위탁 판매로 시작한 후, 제조사를 통해 **잘 팔리는 일부 상품을 사입하고 해당 제품에 특화된 브랜딩을 해도 늦지 않습니다.** 실제 제 강의 수강생분들 중에서도 이 방식으로 사입하고 판매해서 수익을 내는 분들이 적지 않습니다.

4 0원으로 브랜드몰 운영이 가능한 이유

스마트스토어는 셀러에게 무궁무진한 기회를 제공합니다. 그중 하나는 스마트스토어를 6개월 이상 운영하고, '파워 등급'을 달성하면 스마트스토어를 더 개설할 수 있다는 점입니다. 총 3개까지 개설 가능합니다.

등급 표기		필수 조건		
등급명	아이콘 노출	판매건수	판매금액	굿서비스
플래티넘	●	100,000건 이상	100억 원 이상	충족
프리미엄	●	2,000건 이상	6억 원 이상	충족
빅파워	●	500건 이상	4천만 원 이상	-
파워	●	300건 이상	800만 원 이상	-
새싹	-	100건 이상	200만 원 이상	
씨앗	-	100건 미만	200만 원 미만	

▲ 스마트스토어 판매자 등급 기준

처음 시작하는 스토어에는 다양한 카테고리에 해당하는 상품들을 올려 보세요. 상품 공부에 많은 도움이 됩니다.

이후 어느 정도 감을 잡았다면 **두 번째 스토어에는 첫 번째 스토어에서 잘 팔린 상품 카테고리 위주로 판매해 봅니다.** 혹은 **관심 있던 카테고리의 전문몰**을 만들어도 좋고요. 전문몰은 위탁 상품으로 진행해도 되고, 셀러가 적성에 맞는다면 제품을 사입해도 좋습니다. 두 번째 몰을 개설할 때쯤이면 다양한 상품을 등록하며 공부했기 때문에 자신감이 많이 붙었을 것입니다. 사입해서 판매해도 실패할 확률이 현저히 낮아지겠죠.

💬 **잠깐만요** **브랜드 스토어 개설을 결심하기 전에**

브랜드 스토어 개설 시 마케팅 전략 공부는 필수입니다. 실제 제 강의는 초기 사업 과정부터 브랜딩까지의 과정을 담고 있습니다. 제 강의가 아니어도 됩니다. 다른 강사님의 전문몰 관련 강의를 수강해도 좋습니다.
제품을 선구매해서 판매할 경우 초기 투자금이 드는 것은 물론 통관, 해상 운송, 국내 트럭킹, 배송 문제 등 신경 쓸 부분이 많기 때문입니다. 뭐든 실패 리스크를 낮추고 시작하는 것이 가장 좋습니다.

제 강의를 수강하신 대표님 중 한 분은 평범한 생활용품 몰로 파워 등급을 달성한 후 두 번째 스토어로 캠핑몰을 만들었고, 또 다른 분은 도매매 내의 평범한 전기포트 상품을 위탁으로 판매하다가 대박이 나서 브랜드 상품으로 변신시키기도 했습니다.

본인의 지식과 기술을 강의로 판매해서 성공한 경우도, 핸드메이드 소품을 위탁으로 판매하다가 본인의 취미를 살려 키트를 판매한 경우도 있습니다. 성공 방법이 공식으로 정해져 있는 것은 아니므로 위탁 판매를 먼저 경험해 보고, 가장 잘 판매할 수 있는 방향을 찾길 바랍니다.

저의 판매 첫걸음은 해외 마켓 '아마존'이었습니다. 그것도 제가 초보자에게 추천하지 않는 제조사 대량 사입부터 시작했습니다. 당시 저는 스마트스토어를 잘 모르는 상태였고, SNS 광고에 노출된 강의에 현혹되어 한 달가량 공부하면서 상품을 찾고, 아예 저만의 패키지 상품을 만들었습니다.

그 과정을 진행하며 이래저래 우여곡절을 많이 겪었습니다. 엄선해서 고른 제조사인데도 제품을 한 번 파기해야 했고, 물건을 구매하는 데 드는 비용은 물론이고 운송비 등 자잘한 비용은 어찌나 많던지 처음부터 물건을 500개 구매하며 약 300만 원의 비용을 투자했습니다.

운이 좋게 해당 상품은 시즌을 잘 노려서 두 달 만에 다 판매됐고, 한 커뮤니티에서 성공 사례로 꼽혀 인터뷰를 하기도 했지만 조금 허무했습니다.

'상품 등록하면 땡'이 아니라 매일 광고 효율을 체크해야 했고, 창고 수수료는 또 어찌나 비싸던지요. 최종 정산 금액을 계산하니 정확히 28%의 마진이 남았습니다. 고생한 시간 대비 다소 적게 느껴지는 금액이었습니다. 물론 상품에 따라 마진은 다를 수 있으며, 해외 마켓에 단점만 있다는 의미는 아닙니다.

추후 스마트스토어의 수수료와 시스템을 알게 되고, 위탁 판매로 30% 이상의 마진을 남겨 보니 해외 마켓으로 돌아가고 싶지 않을 뿐입니다. 시장 자체는 브랜딩을 하기에 매우 좋았지만 초기 구매의 리스크와 광고 비용에 대한 부담이 발목을 잡았습니다. 직접 이런 경험을 해 보니 스마트스토어의 장점을 체감하게 되었고, 수강생분들에게 비용 리스크가 없는 위탁 판매와 스마트스토어 운영을 강력히 추천하게 되었습니다. 이러한 장점 외에도 타 플랫폼 대비 스마트스토어가 좋은 이유가 무엇인지 다음 장에서 자세히 알려 드리겠습니다.

03

왜 초보일수록
스마트스토어를 해야 할까?

❶ 국내 검색 엔진, 멤버십 1위 네이버

네이버는 **전 국민의 70% 가까이 사용하는 국내 1위 검색 엔진**입니다. 이런 영향으로
이커머스 결제액에서도 2021년까지 1위, 2022년 아주 근소한 차이로 2위를 기록했습
니다. 2022년에는 쿠팡이 1위를 차지했지만, 쿠팡에는 쿠팡이츠 결제액이 합산되었다
는 점을 참고하세요.

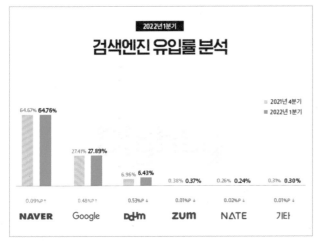

▲ 검색 엔진 유입률 분석(2022년 1분기, 다이티 트렌드 리포트)

▲ 이커머스 결제 순위(2022년 1분기, 와이즈앱, 리테일, 굿즈)

특정 상품은 쿠팡이 아닌 네이버에서 구매한다?!

네이버는 기본적으로 검색 엔진이라는 사실을 잊어서는 안 됩니다. 고객들은 어떤 상황에서 네이버에서 검색하고 구매할까요?

❶ 특정 브랜드 상품의 최저가를 비교하고 싶거나 처음 접하는 상품이 궁금할 때
❷ 우연히 광고나 블로그에서 발견한 상품을 살지 말지 고민할 때
❸ 즐겨찾기 몰에 원하는 디자인이나 기능을 갖춘 상품이 없을 때

네이버플러스 멤버십 출시 2년 만에 누적 사용자가 800만 명을 넘었습니다. 멤버십 론칭 이후 네이버 쇼핑 결제 비율 역시 증가했습니다. 제 주변만 봐도 멤버십 포인트 때문에 스마트스토어를 이용한다는 지인이 늘었습니다. 수강생분들에게 물어봐도 대부분 '급한 건 쿠팡에서 사고, 기다려도 되거나 최저가로 구매하고 싶은 건 네이버로 산다'고 답했습니다.

네이버 멤버십이 이렇게 급격하게 성장한 배경에는 '네이버'라는 검색 엔진이 가진 영향력이 큽니다. 일상에서 검색 엔진을 이용하다 보면 네이버 멤버십 혜택에 자연스럽게 노출되죠. 넉넉한 포인트 지급 및 티빙 같은 OTT 서비스 제공 등 여러 혜택을 받기 위해 신청해 보았다가 장기적으로 이용하게 된 고객이 많습니다.

이렇게 많은 사람이 네이버에서 쇼핑을 한다는 것은, 스마트스토어를 운영하면 우리의 잠재 고객도 많아진다는 의미가 됩니다.

② 해외 마켓·오픈마켓 및 소셜 커머스·개인몰 비교

스마트스토어에 대해 알아보기 전에 다양한 온라인쇼핑 플랫폼을 간단히 비교해 보겠습니다.

	해외 마켓 (아마존)	오픈마켓 및 소셜 커머스 (쿠팡, 11번가, G마켓)	개인몰 (카페 24, 고도몰)
플랫폼 특징	자체 FBA 시스템으로 보관, 배송, CS까지 위임할 수 있음	최저가 상품 판매에 최적	개인 브랜드몰을 개설해 전문몰로 브랜딩 가능
운영 시 장점	외부 마케팅 없이도 수익 창출 가능	사업자나 일반 단체 주문이 많이 인입됨	브랜딩만 잘하면 높은 판매 마진 기대
판매 수수료	FBA 진행 시 높은 판매 수수료 (평균 20~35%)	다소 높은 판매 수수료 (평균 10~15%)	자체몰이므로 판매 수수료 부담 없음 (PG사 3~4%)
운영 시 단점	초반 CPC(클릭당 비용 부과) 광고 없이 판매가 힘듦	자체 광고 필수, 광고 없이 상위 노출 불가한 구조	사이트 초기 세팅을 위한 작업 필요(도메인, 웹페이지, 배너 디자인 등)
	FBA 시스템을 이용하려면 최소 보관 및 판매 수량 필요 (대량 사입 필수)	위탁 상품을 판매하기에는 최저가 경쟁 및 수수료 부담이 강함	홍보를 위해 외부 검색 및 SNS 광고, 인플루언서 홍보 등 외부 마케팅 필수

입문자도 다양한 쇼핑 플랫폼을 활용해 상품을 판매할 수 있습니다. 그러나 위탁 상품의 경우 해외 마켓에서 판매하는 건 불가능에 가까우며, **오픈마켓이나 소셜 커머스는 최저가, 광고 상품 위주로 노출해 주기 때문에 초반에 점유하기 힘들 수 있습니다.** 또한, 위탁 상품은 별도로 제조사를 영업하지 않는 한 최저가로 판매하기도 매우 힘든 시장입니다.

전문몰 역시 마찬가지입니다. 상품을 판매하기도 전에 도메인(사이트 주소)을 구매하고, 메인 화면을 꾸미고 배너 디자인에 노력을 기울여야 합니다. 이렇게 사전 준비는 물론 스토어 홍보까지 필수이기 때문에 입문자에게는 추천하지 않습니다.

③ 타사 대비 스마트스토어 운영 이점 TOP 5

스마트스토어를 시작해야 하는 대표적인 이유를 꼽아 보자면 다음과 같습니다. 스마트스토어의 장점을 하나하나 뜯어 봅시다.

초기 0%
스타트
제로수수료

3일
빠른정산

0원
개설 및
도메인

광고 NO
판매 가능

개인 판매자
판매 가능

❶ 사업 초기 영세 사업자 6개월 동안 수수료 0%

네이버 스마트스토어의 경우 수수료만 보더라도 다른 플랫폼 대비 큰 메리트를 가집니다. 사업 초기 영세 사업자에게는 **6개월간 수수료를 받지 않는 '스타트 제로수수료' 서비스**가 있기 때문입니다.

스타트 제로수수료 프로그램

국세청 가맹점 등급	스마트스토어 창업
영세, 중소1 가맹점	20개월 미만 간이 과세자

매출연동(6개월) · 주문관리(12개월)
수수료 0%

TIP

스타트 제로수수료에 대한 자세한 내용과 신청 방법은 83쪽에서 다룰 예정입니다. 지금은 '수수료를 무료로 지원받을 수 있구나' 정도로 이해하고 넘어가면 됩니다.

스타트 제로수수료 기간이 종료되거나 사업자 등급으로 인해 지원받지 못하는 경우에도 **영세 사업자는 '3.98%'의 낮은 판매 수수료**만 지불하면 됩니다. 개인몰도 평균 3~5%대의 PG사 결제 수수료를 내야 하는데, 네이버의 시스템을 이용하면서 낮은 수수료를 지불하는 것은 매우 큰 장점으로 작용합니다.

'일반' 등급으로 올라가더라도 판매 수수료는 최대 '5.63%'로 10,000원 팔면 네이버가 600원 가져간다고 이해하면 됩니다. 스마트스토어 수수료는 네이버 페이 주문관리와 네이버 쇼핑 매출연동으로 나뉩니다.

우선 **'네이버 페이 주문관리 수수료'**는 네이버 페이를 통한 결제, 상품주문, 발송관리, 배송추적, 안심번호, 고객관리 및 마케팅 등 거래 과정 전반의 통합 관리 서비스에 대한 수수료입니다. 쉽게 말하면 **주문 건에 대한 판매 수수료**입니다. 처음 시작하는 영세 사업자를 위해 **사업자 등급에 따른 차등 수수료 혜택을 제공**한다는 것이 큰 장점입니다.

네이버 페이 주문관리 수수료 (VAT 포함)

- 영세 (연 매출 3억 원 이하): 1.98%
- 중소1 (연 매출 3~5억 원): 2.585%
- 중소2 (연 매출 5~10억 원): 2.75%
- 중소3 (연 매출 10~30억 원): 3.025%
- 일반 (연 매출 30억 원 이상): 3.63%

두 번째로 **'네이버 쇼핑 매출연동 수수료'**는 스마트스토어 상품이 네이버 쇼핑 서비스에 노출되도록 연동한 경우 발생하는 수수료입니다.

네이버 쇼핑에 노출된 상품이 판매되면 건당 네이버 쇼핑 매출연동 수수료 2%가 발생합니다. 쉽게 말하면 고객이 **네이버 쇼핑을 통해 상품을 클릭하고 구매한 경우 발생하는 수수료**입니다.

네이버 쇼핑 노출

구매자 → (방문) → 네이버 쇼핑 → (방문) → 스마트 스토어 → (결제) → 네이버 페이 → 네이버 쇼핑 매출연동 수수료 2% + 네이버 페이 주문관리 수수료 1.98~3.63%

네이버 쇼핑 미노출

구매자 → (방문) → 스마트 스토어 → (결제) → 네이버 페이 → 네이버 페이 주문관리 수수료 1.98~3.63%

위 내용을 보면, 스타트 제로수수료 가입 후 **사업자 등록하고, 연 3억 달성 전까지 최대 3.98%의 수수료만 부담**한다는 의미로 받아들여도 됩니다. 놀랍도록 저렴합니다.

💬 잠깐만요 **네이버 쇼핑 매출연동이 필요한 이유!**

62쪽에서 자세히 배울 예정이지만, 네이버 쇼핑 매출연동은 상위 노출 및 판매 증대를 위해 적용하는 것이 바람직합니다. 네이버 쇼핑에서는 네이버 쇼핑 인입을 통한 구매 건수만 노출에 반영하기 때문입니다. 따라서 네이버 쇼핑 미연동 및 상품 링크를 통한 홍보나 구매 유도는 추천하지 않습니다.

❷ 고객 상품 도착 전 판매자 정산 완료

🖐 TIP

'집화처리'란 셀러가 택배를 접수한 후, 택배사에 물건이 도착한 것을 말합니다.

네이버가 야심차게 선보인 서비스 중 하나는 셀러들을 위한 '**빠른정산**'입니다.
빠른정산 서비스를 신청하면 **영업일 기준 집화처리일+1일 후 바로 정산**받을 수 있습니다.

쇼핑몰을 운영할 때는 무엇보다 자금 회전이 중요합니다. 예를 들어, 판매한 금액을 정산받기 전에 단체 구매가 들어온다고 생각해 보세요. 어느 시점에 갑자기 구매가 몰릴 수도 있겠죠. 이런 상황에서 신용카드를 이용할 수 없고 자금이 들어오지 않아 상품을 가져올 수 없다면 주문을 포기해야 합니다.

타 업체들이 평균 15일에서 최대 90일 후 정산해 준다는 점을 생각하면, 빠른정산은 셀러를 위한 강력한 혜택일 수밖에 없습니다.

처음 시작할 때는 모두 영세 사업자이지만, 추후 월 수천 이상의 매출을 달성할 경우 정산이 제대로 되지 않는다면 얼마나 큰 문제일까요? 따라서 비용 문제가 발생하지 않을 플랫폼을 선택하는 것이 중요합니다. 국내 검색 엔진 1위인 네이버가 자금 조달로 허덕일 일은 사실상 드물 것입니다. 그렇기에 이런 서비스도 자신 있게 론칭할 수 있는 거죠.

다만, 빠른정산을 받고자 하는 경우 아래와 같은 조건을 충족해야 합니다.

승인 조건
- **거래 건수**: 신청월 직전 3개월 연속 월 20건 이상 (주문번호 기준, 정산 후 취소 반영하여 거래 건수 계산), 예) 11월 2일 신청 시, 8~10월 거래 건수 각 20건 이상
- **반품률**: 신청월 직전 3개월 연속 반품률 20% 미만 (상품 주문번호 기준, 귀책사유 무관, 정산 후 취소, 반품 종료 기준), 예) 11월 2일 신청 시, 8~10월 반품률 총 20% 미만
- **사업자 구분**: 국내 사업자

유지 조건
- **거래 건수**: 직전 3개월 합계 10건 이상 (주문번호 기준, 정산 후 취소 반영하여 거래 건수 계산), 예) 11월 유지하려면 8~10월 거래 건수 합계 10건 이상
- **반품률**: 직전월 반품률 20% 미만 (상품 주문번호 기준, 귀책사유 무관, 정산 후 취소, 반품 종료 기준), 예) 11월에 유지하려면 10월 반품률 20% 미만
- **사업자 구분**: 국내 사업자

빠른정산을 위해서라도 앞으로 **3개월 동안 월 20건 이상 판매**를 목표로 삼고 운영하는 것이 좋습니다.

만약 빠른정산을 받지 못하더라도 고객의 구매확정일+1일에는 정산받을 수 있습니다. 상품 출고 시점일로부터 영업일 기준 평균 8일~최대 10일 정도라고 생각하면 됩니다. 고객이 상품을 받고 바로 '구매확정' 하면 출고일로부터 4일 후에도 정산 가능합니다.

❸ 0원으로 브랜딩 가능

개인몰을 운영하려면 판매를 시작하기도 전에 해야 할 일이 많습니다. 홈페이지 개설을 위해 사이트 도메인 주소를 구매하는 비용도 들고, 레이아웃 설계, 디자인, 촬영 등 손이 여간 많이 가는 것이 아니죠.

오픈마켓의 경우 상품 위주의 플랫폼이라 개인 브랜드 사이트처럼 메인을 꾸미거나

운영하기가 힘들어 별도로 홍보나 브랜딩을 하기 어렵습니다. 상품을 검색하는 고객 입장에서는 눈에 보이는 최저가 상품을 선택하고 구매하면 끝이니까요.

반면 스마트스토어는 **직접 브랜딩할 수 있는 전문몰의 장점과, 상품 위주로 노출시킬 수 있는 오픈마켓의 장점**을 모두 가지고 있습니다. 스마트스토어는 셀러에게 도메인 주소를 무료로 제공합니다. 메인 템플릿과 배너를 자신의 입맛에 맞춰 등록하는 등 브랜드몰처럼 자유롭게 꾸밀 수도 있죠.
더 놀라운 건 고객이 우리 스토어에 '알림 신청'을 한 경우인데요, 이때는 **'소식 알림'** 기능을 통해 해당 고객에게 **일정 수량의 마케팅 메시지를 무료로 발송**할 수 있습니다.

④ 광고 없이 상위 노출 가능

네이버 검색의 [VIEW] 탭에서 'n일 전(◉ 3일 전)'이라는 표시를 본 적 있나요? 네이버는 검색 엔진이기 때문에 최신 정보와 신뢰할 수 있는 문서에 대해 높은 가산점을 부여합니다. 네이버 쇼핑에서도 이 기준이 적용됩니다.

이 부분을 적극적으로 활용하면 기존 상품 판매가 활발하지 않더라도 특정 키워드에서는 일정 기간 1~2페이지에 상위 노출되도록 등록할 수 있습니다. 단, 아무 상품이나 노출시켜 주는 것은 아니겠죠?

250쪽에서 네이버가 사랑하는 상품 기준을 확인할 수 있으니 잘 숙지해서 맞춤 전략을 세워 보세요. 얼마든지 검색 결과가 상위에 보이게 할 수 있습니다. 판매량과 직결되는 영역이므로 숙지해 두는 것이 좋습니다.

⑤ 사업자를 낼 수 없는 개인 판매자도 가능

마지막으로, 사업자를 내지 않고도 개인으로 스토어를 오픈할 수 있습니다. 단, 개인 판매로 스토어를 오픈할 때에는 판매 건수 및 세금 신고 관련 제약이 많은 편입니다. 따라서 네이버 쇼핑 연동이 필요 없는 지식 콘텐츠나 일부 취미 상품을 시범적으로 판매하는 경우를 제외하고는 사업자로 전환해 판매하는 것을 강력하게 권장합니다.

초반부터 사업자를 내고 싶지 않다면 개인 판매자로 50건 정도 판매한 후 전환하는 방법도 있습니다. 다만 위탁 판매의 경우 대부분의 도매 사이트에서 사업자 등록증을 통해 회원 인증을 받고 있으니 개인적으로 판매할 수 있는 물품을 테스트 삼아 소량 판매하는 게 바람직합니다.

PART **2**

0원 시작,
스마트스토어 사장님 되기

하루 완성 스마트스토어 가입 세팅하기

① 파워 셀러 목표! 스마트스토어 셀러맵 만들기

3개월 후 파워 셀러 달성 목표 잡기

38쪽에서 간략하게 언급했듯 네이버에는 여러 단계의 셀러 등급이 존재합니다. 셀러 등급의 종류와 각 등급 달성의 필수 조건에 대해 구체적으로 알려 드리겠습니다. 셀러 등급은 판매 건수와 금액에 따라 아래와 같이 나뉩니다.

등급 표기		필수 조건		
등급명	아이콘 노출	판매건수	판매금액	굿서비스
플래티넘		100,000건 이상	100억 원 이상	충족
프리미엄		2,000건 이상	6억 원 이상	충족
빅파워		500건 이상	4천만 원 이상	-
파워		300건 이상	800만 원 이상	-
새싹	-	100건 이상	200만 원 이상	
씨앗	-	100건 미만	200만 원 미만	

- 산정 기준: 최근 3개월 누적 데이터, 구매 확정 기준(부정거래, 직권취소 및 배송비 제외)
- 등급 업데이트 주기: 매월 2일 **예** 10월 등급 산정 기준: 7~9월 총 3개월 누적 데이터 (월: 1일~말일)
- 플래티넘과 프리미엄은 거래 규모 및 굿서비스 조건까지 충족 시 부여되며, 굿서비스 조건 불충족 시 빅파워로 부여됩니다.
- 새싹 및 씨앗 등급은 네이버 쇼핑 및 스마트스토어 사이트에서도 등급명 및 아이콘이 노출되지 않습니다.

셀러 등급은 3개월 누적 매출 데이터로 산정합니다. **수익이 아닌 매출 기준**이기 때문에 '파워 등급'이라면 달성하기 어렵지 않습니다.

환산해 보면 3개월간 **'매일 상품 3~4건 판매, 매출 9만 원'**이면 가능하기 때문입니다. 하루에 3만 원짜리 상품을 3~4개만 판매한다고 생각해 보세요. 절대 달성 불가능한 매출이 아닙니다.

저는 수강생분들에게 '무조건 3개월 후 파워 셀러 달성'을 목표로 운영하기를 강조합니다. 실제로 초기 오프라인 스터디 수강생분들은 **30% 가까이 파워 셀러를 달성**했습니다. **위탁 판매로 3개월 만에 빅파워 등급**이 된 대표님도 있습니다.

독자님도 **'4개월 차에 파워 셀러 달성하겠다'**라는 목표를 세우고 스마트스토어를 운영하기를 바랍니다. 그보다 더 큰 목표도 괜찮습니다.

많은 무료 정보들이 위탁 판매에 대해 부정적인 의견을 내놓습니다. 해 보지도 않고, 혹은 대충 시도하고 그런 정보에 동요하는 분들을 보면 안타깝습니다. 전략을 익혀 자신만의 판매 노하우로 흡수한다면 위탁 판매를 통해서도 얼마든지 수익을 올릴 수 있습니다. 지금부터 알려 드릴 전략은 결코 접근하기 어려운 방법이 아닙니다. 실제 제 전략을 흡수해 본인의 새로운 전략을 짠 후 빅파워를 달성한 분도 있습니다.

잘 팔리는 스마트스토어 셀러맵 만들기

자, 그럼 최소 3개월, 최대 1년까지 스마트스토어를 어떻게 운영하면 되는지 함께 로드맵을 잡아 보겠습니다. 스마트스토어를 처음 시작한다면 자신만의 운영 기준이나 체크리스트를 만들면 좋습니다.

씨앗 셀러 (0~1개월)	새싹 셀러 (1~3개월)	파워 셀러 (3~6개월)
• 스마트스토어 가입 및 서류 준비	• 키워드 및 이미지 작업	• 잘 팔리는 상품 GIF 만들기
• 판매자센터 필수 세팅	• 상품 등록 (20~50개)	• 마케팅 메시지 발송하기
• 사업자 등록 및 전환	• 스타트 제로수수료 신청	• 최종 브랜드명 정하기
• 도매 사이트 가입(최소 10개)	• 소식 알림 쿠폰 발급	• 스마트스토어 메인 꾸미기
• 네이버 데이터랩 분석	• 원뿔딜(핫딜) 진행	• 빠른정산 신청하기
• 도매 상품 찾기	• 리뷰 이벤트 진행	• 스토어 추가 개설하기
▼	▼	▼
PART 2 따라 하기	**PART 3~5 따라 하기**	**PART 5~6 따라 하기**

위 맵은 이 책에서 배울 내용을 토대로 설계했습니다. 해당 맵을 참고해 필요한 과정을 따라 해 보고, 자신에게 해당되는 과제를 추가해 맵을 보완해 보세요.

책에 적어도 좋고, 엑셀이나 문서를 활용해도 괜찮습니다. 눈에 잘 닿는 곳에 사용하기 편한 형태로 만드는 게 핵심입니다.

2 스마트스토어 가입 및 구비 서류 준비

5분이면 끝나는 개인 판매자 가입

사업자 등록을 하기 전에 스마트스토어 '개인 판매자'로 먼저 가입해 보겠습니다. '개인 판매자' 가입은 비용이 들지 않고 서류 제출도 별도로 필요하지 않으므로 책을 보며 편하게 따라 해 보세요.

판매자로 가입하기

01 네이버에서 '스마트스토어센터' 또는 '스마트스토어 판매자센터'로 검색하여 판매자센터에 접속합니다.

02 판매자센터 메인 화면에서 [가입하기]를 클릭합니다.

03　[네이버 아이디로 가입하기], [이메일 아이디로 가입하기] 중 편한 방식을 선택합니다. 네이버 계정이라면 네이버 아이디, 다른 계정이라면 이메일 가입하기로 진행해 주세요.

TIP

이메일 주소는 고객이 스마트스토어 판매자 정보를 클릭했을 때 노출됩니다. 평소 사용하는 개인 계정으로 가입해도 괜찮지만 셀러용 이메일을 따로 사용하고 싶다면 계정을 새로 만든 후 가입을 진행하세요.

04　[이메일 아이디로 가입하기]를 클릭했을 때의 화면입니다. 필수 항목을 기입하고 핸드폰 및 이메일 인증을 완료한 후, [가입]을 눌러 주세요.

TIP

네이버 아이디로 가입하면 절차가 훨씬 간편하니 되도록이면 네이버 계정으로 가입하는 게 좋습니다. 참고로 핸드폰 번호는 고객에게 노출되지 않습니다.

05 가입이 완료되면 '2단계 인증 방법 설정' 화면이 나옵니다. [휴대전화 인증]을 선택하고 인증 절차를 완료한 후 [확인]을 클릭합니다.

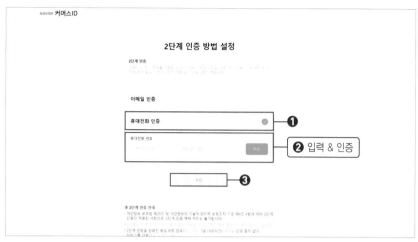

> 🤚 **TIP**
>
> • 보안 절차 강화를 위해 판매자센터 로그인 시 '2단계 인증'이 필요합니다. 최대 7일에 한 번, 인터넷 환경 (IP)이 변경될 때는 매번 인증받아야 합니다. 따라서 코드 확인이 편한 휴대전화 인증을 추천합니다. 단, 기업이나 단체일 경우 이메일로 인증받아야 합니다.
> • 판매자 앱을 설치하면 스마트폰에서는 2단계 인증 없이 로그인 가능합니다.

06 다음으로 '판매자 유형'을 선택할 수 있습니다. 사업자 관련 내용은 다음 챕터에서 배울 예정이니 지금은 [개인]을 선택하고 [다음]을 클릭합니다.

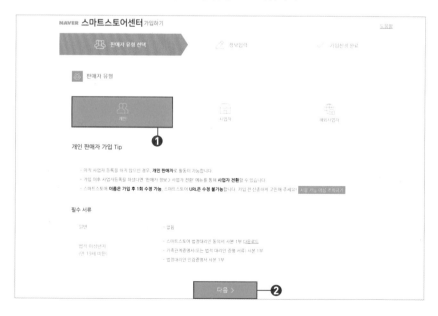

07 실명 인증을 위해 한 번 더 [휴대전화 본인인증]을 진행합니다.

TIP

실명 인증을 할 때는 '판매자 명의의 휴대전화 인증'이 필요합니다.

08 정상적으로 가입 처리가 됐다면 '네이버 비즈니스' 화면이 노출됩니다. 반드시 '네이버 쇼핑', '네이버 톡톡'을 활성화해 주세요.

TIP

네이버 톡톡 연동을 위해 '네이버 아이디 인증'이 필요합니다. 보유하고 있는 개인 계정을 연동하거나 신규 계정을 만들어 연동합니다. 개인 계정으로 연동해도 고객에게 이메일 주소나 개인 정보가 노출되지 않으니 안심하세요.

09 전체 이용약관을 살펴보고, 체크박스를 클릭해 동의한 후 [다음]을 클릭합니다.

10 가입 절차가 끝나면 고객에게 노출되는 '스마트스토어 정보'를 설정할 수 있습니다. 판매 카테고리가 정해지지 않았으니 '스토어 이름'과 '스토어 URL'은 전체 상품을 포괄할 수 있게 만들어 주세요.

TIP

스토어 이름은 가입 후 1회만 변경이 가능하니 신중하게 정하는 것이 좋습니다.

11 다음으로 '판매 상품정보'와 '배송·정산정보'를 기입해 주세요. 가입한 후 '판매자 정보'에서 수정 가능하니 우선 필요한 정보만 입력합니다.

TIP

배송, 교환, 반품 처리는 170쪽에서 배울 예정입니다. 정산 정보는 우선 가입자 명의의 개인 통장으로 인증하면 됩니다.

12 다음 최종 실명 인증 절차를 마치면 가입이 완료됩니다.

③ 초보라면 해야 하는 스마트스토어 세팅 TOP 5

신규 론칭 서비스는 반드시 적용할 것!

여기 두 유형의 셀러가 존재합니다.

🄰 월 매출 500만 원 / 상품 50개 / 상품 등록 & 자사 서비스를 많이 활용하는 셀러
🄱 월 매출 500만 원 / 상품 50개 / 기존 상품 판매만 하는 셀러

독자님이 네이버라면 둘 중 어떤 셀러를 더 밀어 주고 싶을까요? 당연히 🄰겠죠.

스마트스토어는 매년 신규 마케팅 툴과 셀러를 위한 다양한 서비스를 론칭합니다. 저는 2018년에 처음 스마트스토어를 접했는데, 매년 체감하는 신규 서비스만 수십 개가 넘습니다. 그리고 이런 서비스들은 현재까지도 대부분 무료로 제공됩니다.

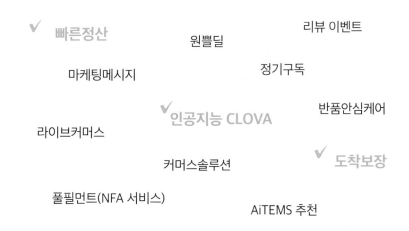

최근 론칭된 '**인공지능 AI를 활용한 클로바**' 서비스를 주목할 만합니다. 2022년 도입되어 아직 완벽하지는 않지만 자주 하는 질문에 대해 **디테일한 CS뿐 아니라, 상품 및 태그 추천을 제공**합니다. 이후 여러 가지 기능도 차츰 도입할 것으로 예상됩니다.

🖐 TIP

2023년 4월부터 베타 기간이 종료되어, 월 1,000원부터 유료 요금제로 이용 가능합니다.

이렇게 판매자센터에서 론칭되는 서비스들은 무료라면 빠르게 이용해 보길 권장합니다. 지금부터 꼭 해야 할 기본 세팅과 신규 론칭한 클로바 서비스를 함께 적용해 보겠습니다.

스마트스토어 필수 세팅 시작하기

스마트스토어 가입을 마치고, 판매자센터에 들어오면 스토어 설정 팝업창이 나타납니다. 미리 살펴봐도 좋고, 중요한 기능은 책에서 다룰 예정이니 넘어가도 괜찮습니다.

책에서는 우선 상품 등록 전 꼭 설정해 두면 좋은 기능 5가지를 소개하겠습니다.

① 판매자 정보에서 실시간 주문 알림 설정

고객 주문이 들어왔는데 몰라서 놓치면 안 되겠죠? 주문이 들어올 때마다 문자 메시지 알림을 받을 수 있는 기능이 있습니다.

무작정 따라하기 | **실시간 주문 알림 설정하기**

01 좌측 메뉴에서 [판매자정보]→[판매자 정보]를 클릭합니다.

02 우측 상단의 [실시간 알림 설정]을 클릭합니다.

클릭

03 아래와 같이 설정하고, [저장]을 클릭하면 알림 설정이 완료됩니다.

- SMS 알림 수신: 설정
- 에티켓 모드: 설정(21시 ~ 09시 알림 수신 안함)
- SMS 수신 연락처: 대표자 연락처 입력 후 인증

③ 입력&인증

💡 TIP

실시간 알림 설정은 170쪽에서 배울 '발주 확인'을 할 때 중요한 기능입니다. 불필요 하다면 문자 대신 판 매자 앱을 통해 푸시 알림을 받을 수도 있 습니다.

❷ 네이버 쇼핑 및 톡톡 메신저 연동

가입 시 설정했던 '네이버 쇼핑', '톡톡 메신저' 연동 여부를 살펴보겠습니다.
'네이버 쇼핑' 연동을 설정하면 네이버 쇼핑에서 상품을 검색했을 때 노출됩니다. 수강
생분들께 **'상품을 등록했는데 전혀 노출이 안 돼요!'**라는 질문을 받아 살펴보면 '네이버
쇼핑 연동'이 비활성화 상태인 경우도 있었습니다.

'네이버 톡톡'은 고객과 소통할 수 있는 메신저로, 챗봇 기능을 사용할 수 있습니다. 고
객이 챗봇을 이용하면 우리 스토어의 평균 배송일 및 교환 반품에 대해 자동으로 알림
받을 수 있습니다.

무작정 따라하기   **노출 및 톡톡 연동 여부 확인하기**

01   좌측 메뉴 중 [노출관리]→[노출 서비스 관리]를 클릭합니다.

02 '네이버 쇼핑', '네이버 톡톡'이 연동되어 있는지 확인합니다. '연동안함'으로 되어 있다면 클릭해 '연동중'으로 바꿔 주세요.

TIP

• 가능하다면 '원쁠딜'도 활성화합니다. '원쁠딜'은 1+1으로 상품 판매를 유도할 수 있는 마케팅 채널로 222쪽에서 자세히 다룰 예정입니다.

• '웹사이트 검색등록'은 상품을 한 개 등록한 후 바로 연동해 주세요. 네이버 검색창에 우리 스토어를 검색했을 때 노출시켜 주는 기능입니다.

❸ 배송, 반품 문의 최대 50% 줄이는 방법

스마트스토어에서는 판매자 대신 답변을 제공하는 '톡톡 챗봇' 기능이 적극 활용되고 있습니다. 챗봇 기능을 활성화하면 배송, 교환, 반품 등 고객 문의가 들어오기 전 해당 문의에 대한 안내 메시지를 우선적으로 노출할 수 있습니다.

앞서 말했듯이 2022년에는 **AI 기술을 접목한 클로바 서비스를 스마트스토어에도 접목**시켰습니다. 기존 챗봇보다 훨씬 더 고도화되어 운영 후 자주 받았던 질문을 모아 주고, 답변하는 기능까지 제공합니다.

PART 2

톡톡 챗봇 활성화하기

01 좌측 메뉴 중 [톡톡상담관리]→[쇼핑챗봇/AI FAQ 설정]을 클릭하고 우측 상단 '빅데이터가 추천한 AI FAQ를 활성화합니다'를 체크하세요.

02 '이용안내' 메시지가 나타나면 [네]를 클릭해 주세요.

03 CLOVA 라이브챗 화면이 나타나면 [추가하기]를 클릭합니다.

🖐 **TIP**

CLOVA 라이브챗은 AI 기술을 통해 고객 문의를 학습해 스토어, 상품(카테고리)에 맞게 FAQ를 자동으로 생성하는 기능입니다. 각각의 고객에 맞춰 다른 FAQ를 제공하므로 CS 건수를 50% 이상 줄일 수 있습니다.

04 [AI FAQ]→[공통 FAQ] 탭을 클릭하면 배송, 교환, 반품에 대한 기본 질문이 10개 이상 생성된 것을 확인할 수 있습니다. 또한, 판매가 시작되면 AI가 각각의 상품에 대해 자주 들어오는 질문들을 '상품 FAQ'에 생성해 줍니다. 질문들이 생성됐다면 상품 관련 디테일한 정보까지 미리 답변을 등록할 수 있습니다.

05 기본 '쇼핑챗봇'도 설정해 보겠습니다. [쇼핑챗봇] 탭을 클릭하고 우측 '노출 순서 설정' 옆에 있는 버튼을 클릭해 전부 활성화해 주세요.

🖐 TIP

배송, 교환, 문의 답변 설정은 179쪽에서 배울 예정입니다.

PART 2

④ 고객에게 노출되는 전화번호 등록

고객에게 노출되는 '고객센터 전화번호 인증'을 받을 차례입니다. 고객에게 노출되는 번호이므로 개인 번호가 노출되는 것이 부담스럽다면 별도의 듀얼 넘버나 070 번호 등을 생성하는 것이 좋습니다. 집에 남는 공기계가 있다면 알뜰폰 요금제로 가입하는 것도 좋은 방법입니다.

> **👆 TIP**
>
> 듀얼 넘버는 '한 개의 스마트폰에 두 개의 전화번호를 생성'해 주는 서비스입니다. 통신사 앱이나 고객센터를 통해 가입하면 됩니다. 월 3천 원대의 부담스럽지 않은 요금이니 미리 가입해도 좋고, 상품 판매가 이뤄졌을 때 가입한 다음, 고객센터에서 번호를 변경해도 괜찮습니다.

무작정 따라하기 **고객센터 전화번호 인증받기**

01 [스토어 전시관리]→[스토어 관리]를 클릭해 주세요.

02 고객에게 노출할 '고객센터 전화번호'를 입력하고 [인증요청]을 클릭하여 완료합니다.

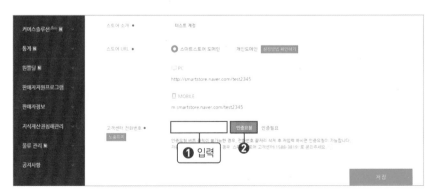

⑤ CLOVA MD 상품추천 활용

CLOVA에는 CS 외에도 상품추천 기능이 탑재되어 있습니다. 이 기능을 활성화하면 AI가 스토어에 방문하는 고객의 취향과 관심사를 분석하고, 고객이 관심을 가질 만한 상품을 추천해 줍니다. 신규 상품 아이디어를 얻거나 상품 태그를 고안하는 데 좋은 기능입니다.

무작정 따라하기

CLOVA MD 상품추천 기능 활성화하기

01 [스토어 전시관리]→[CLOVA MD 상품추천]을 클릭하고 상품추천 기능 모두 [사용하기] 버튼을 클릭합니다.

🖐 **TIP**

2023년 4월부터 베타 기간이 종료되어 월 1,000원부터 이용 가능한 유료 요금제로 전환되었습니다. 이번 장에서는 간단히 적용만 해 보세요.

02 '클로바 고객 맞춤 상품추천'의 [사용하기]를 클릭했을 때 보이는 화면 예시입니다. [추가하기]를 클릭해 적용하면 됩니다.

4 스마트스토어 판매자 앱 설치하기

1분 만에 주문관리, CS 처리하기

앱스토어나 구글 플레이스토어에서 '네이버 스마트스토어센터' 앱을 설치하세요. 여러 가지 편리한 기능을 제공하므로 반드시 설치하는 것이 좋습니다.

▲ 앱스토어와 구글 플레이스토어에서 '네이버 스마트스토어센터' 검색

앱으로 로그인하면 **번거로운 2단계 인증을 거치지 않아도 되고, 주문 확인부터 CS까지 스마트폰으로 한 번에 처리**할 수 있습니다. 부업으로 스마트스토어를 운영하는 직장인의 경우 업무시간에 사무실에서 PC로 스마트스토어를 운영하기는 매우 눈치가 보일 것입니다. 이럴 때 스마트폰으로 1분이면 주문 및 간단한 CS를 처리할 수 있습니다. 판매자센터 앱을 설치하고 기본 기능을 미리 익혀 봅시다.

책에서는 네이버에서 소개하는 판매자센터 앱의 특징을 요약했습니다.

PC에서 반복되는 2단계 인증이 번거로웠다면,
앱에서의 2단계 인증은 단 한 번!

앱에서 로그인 시 2차인증을 딱 한 번만 하면,
로그아웃 전까지는 2차인증 없이 스마트스토어를 관리하실 수 있습니다.

로그인 화면   2단계 인증 화면

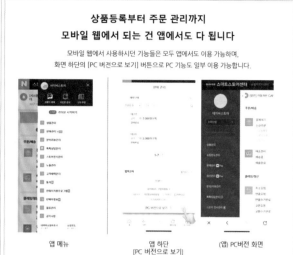

상품등록부터 주문 관리까지
모바일 웹에서 되는 건 앱에서도 다 됩니다

모바일 웹에서 사용하시던 기능들은 모두 앱에서도 이용 가능하며,
화면 하단의 [PC 버전으로 보기] 버튼으로 PC 기능도 일부 이용 가능합니다.

앱 메뉴   앱 하단 [PC 버전으로 보기]   (앱) PC버전 화면

위젯을 추가하면 홈 화면에서도
내 스토어 현황을 빠르게 확인할 수 있습니다.

위젯을 추가하는 방법은 아래 링크에서 확인하세요.

위젯 추가하는 방법 >>

위젯으로 내 스토어 소식을 한 눈에 보고   센터앱을 통해 빠르게 처리!

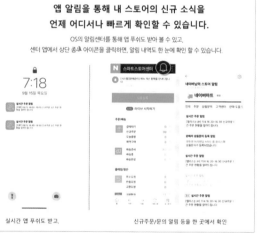

앱 알림을 통해 내 스토어의 신규 소식을
언제 어디서나 빠르게 확인할 수 있습니다.

OS의 알림센터를 통해 앱 푸쉬 받아 볼 수 있고,
센터 앱에서 상단 종 아이콘을 클릭하면, 알림 내역도 한 눈에 확인 할 수 있습니다.

실시간 앱 푸쉬도 받고.   신규주문/문의 알림 등을 한 곳에서 확인

02

부업으로 사업자를 내도 괜찮을까?
10분 안에 끝내는 사업자 등록

📋 개인 판매 vs 사업자 판매 비교

개별 상품이 있다면 일단 개인 판매자로 시작해 봅시다. 네이버의 큰 장점은 사업자 없이 '개인 판매자'로 일정 매출까지 판매할 수 있도록 허가해 준다는 점입니다. 55쪽에서 '개인'으로 가입할 때 눈치채셨을 겁니다.

그럼, 개인과 사업자는 정확히 어떤 차이점이 있을까요?

✅ 개인 판매자
　① 추천 대상: 개인적인 사정으로 사업자 등록을 하지 못하는 직장인
　② 특징: 회원가입 시 사업자를 요하는 도매 사이트가 많아 도매 상품 판매 제한
　③ 가입 시 구비 서류: 없음

✅ 사업자 판매자
　① 추천 대상: 본인 or 가족 명의로 사업자를 낼 수 있는 모든 분
　② 특징: 국내 도매 사이트 자유롭게 이용 가능, 세금 혜택을 받을 수 있음
　③ 가입 시 구비 서류: 사업자 등록증 사본 1부, 대표자 본인 또는 사업자 명의 통장
　　사본 1부, 통신판매업신고증 사본 1부, 대표자 인감증명서 사본 1부

개인 판매자로 일정 기간 운영하다가도 매출이 상승하면 사업자 회원으로 전환해야 합니다. 도매 사이트 역시 사업자가 아니면 이용에 제한이 있기 때문에 가급적 사업자 등록을 추천합니다.

웬만하면 다음 장에서 사업자 신청하는 방법을 따라 하며 바로 사업자를 등록하기를 권장하지만 다양한 사유로 사업자를 내기 힘든 상황이라면 우선 개인 판매자로 시작해도 됩니다. 혹은 사업자 등록 전 개인 판매로 테스트를 해 봐도 좋습니다.

단, 판매 건수가 50건 이상 발생했을 경우 네이버는 사업자 등록을 권고하고 있습니다. 스마트스토어 메인 팝업으로 '사업자 전환' 알림이 온 경우에는 사업자를 내야 합니다.

2 부업이라 세금이 걱정되는데 어떻게 해야 하나요?

부업으로 사업자 내면 직장에 걸리지 않나요?

수강생분들에게 많이 받는 질문 중 하나입니다. 사업자로 등록하면 직장에서 알게 될까 노심초사하는 분들이 많습니다. 겸업이 완전히 금지된 공무원이나 일부 직장인은 절대 본인 명의로 사업자 등록을 해서는 안 됩니다. 필요하다면 함께 스마트스토어를 운영하는 가족 명의로 사업자를 내는 것을 추천합니다.

그러나, 일반 기업에 근무하는 직장인이며 '1인 간이 과세자'라면 회사에서 알지 못하는 경우가 많습니다. 사업자 소득은 연말 정산 체계가 다르기 때문입니다. 직장인은 개인 소득으로 매년 2월에 연말 정산을 하고, 사업자는 간이 과세자 기준 매년 1월 부가세 신고와 5월 종합소득세 신고를 하게 됩니다.

연 4,800만 원 미만의 간이 사업자라면 세금은 0원?

사업자는 간이 과세자와 일반 과세자로 나뉩니다. 처음 사업자를 내면 '간이 사업자'가 되는데 연 매출이 8,000만 원 미만이면 세금이 지원되며, 특히 매출이 연 4,800만 원 미만이면 부가세로 내는 비용은 0원입니다. 쉽게 말하면 낼 것도 돌려받을 것도 없다는 뜻입니다. 그러니 세금 때문이라면 사업자를 내는 것을 두려워하지 않아도 됩니다.

⊘ **간이 과세자란?**
- 연 매출액 8,000만 원 미만의 소규모 사업자
- 일반 과세자 대비 낮은 세율 적용(1~3%)
- 세금계산서 발행이 필요 없는 초보 사업자 추천
- 연 매출 4,800만 원 미만이라면 부가세는 0원
- 혼자서도 할 수 있는 초간편 세금 신고

⊘ **일반 과세자란?**
- 연 매출액 8,000만 원 이상 사업자
- 비용 지출 시 세금계산서 발행 및 부가세 납부 의무
- 세금 신고 관련 세무 대행 필수

세금 신고 시점이 되면 스마트스토어에서 신고 기간과 방법을 팝업으로 안내해 줍니다. 그때 절차에 따라 신고하면 됩니다. 매출 신고만 하면 되므로 약 5분 정도면 스스로 처리할 수 있습니다.

③ 혼자서도 10분 만에 사업자 등록하는 방법

온라인 판매의 경우 사업자 간편 발급 가능

개인 판매자로 판매할 게 아니라면 **사업자 등록, 통신판매업 신고** 이 두 가지를 미리 준비하는 것이 좋습니다. 사업자 등록은 국세청 홈택스에서 진행하면 됩니다.

특히 **'온라인 전자상거래 사업자'는 등록 절차가 훨씬 더 간편해졌습니다.** 지금부터 책을 보며 사업자 간편 발급 절차부터 스마트스토어 사업자 전환 방법까지 한 번에 배워 보겠습니다.

사업자 등록하기

01 네이버에서 '국세청 홈택스'를 검색해 웹사이트에 접속합니다. 상단 [회원가입]을 클릭해 주세요.

02 우선 [개인]으로 회원가입을 진행하겠습니다. 주민등록번호나 I-PIN 중 자신에게 편한 방식을 선택한 후, 과정을 따라 가입을 완료해 주세요.

03 가입을 완료했다면 로그인 후 [신청/제출]→[사업자등록간편신청(개인)-통신판매업] 을 클릭합니다.

👆 **TIP**

통신판매업 사업자 간편 신청이란? 온라 인 판매 전용 사업자 등록 간편 발급 서비 스로 기존 방식보다 훨씬 더 간편하고 빠 르게 사업자를 등록 할 수 있습니다.

04 신청 화면이 나오면 * 표시 되어 있는 필수 항목을 우선 기입합니다.

✅ **사업장 정보 입력**
- 본인 소유 건물 or 주민등록상 주소지: 별도 제출서류 없음
- 사무실 계약: 임대차 계약서 필요

👆 **TIP**

거주 중인 주소지로 사업자 등록이 불가 능하거나 내키지 않 는다면 네이버에서 '비상주 오피스'를 검 색해 가장 저렴한 곳 을 계약하는 것도 괜 찮습니다. 단, 월 1~5 만 원 정도의 비용이 발생하니 어느 정도 판매가 이뤄졌을 때 계약하고, 주소지 변 경을 권장합니다.

05 인적사항 및 사업장 정보 입력을 완료한 후 '업종 선택'에서 [업종 입력/수정]을 클릭합니다.

06 아래와 같은 팝업이 노출되면 가장 위에 있는 '전자상거래 소매업'을 선택하고 [업종 등록]을 클릭합니다.

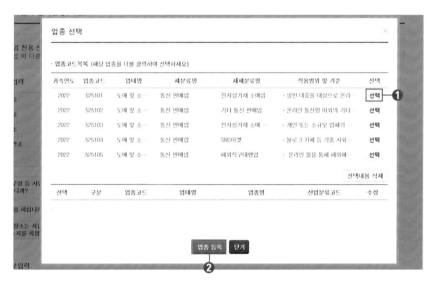

07 사업자 유형은 '간이'로 선택하고, [저장후다음]을 클릭합니다.

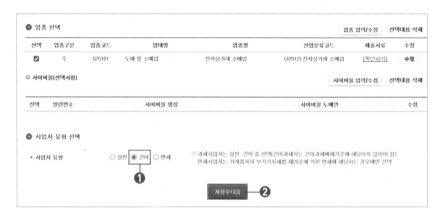

08 다음으로 '제출서류 선택' 화면이 나타납니다. 별도로 제출할 서류가 없다면 [다음]을 클릭해 넘어가 주세요.

09 마지막으로 '최종확인' 화면에서 제출서류를 확인한 후 [신청서 제출하기]를 클릭하면 사업자 등록 신청이 완료됩니다.

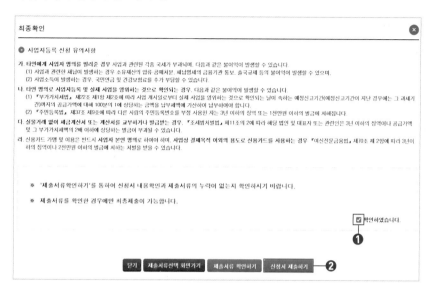

10 신청 결과는 [My홈택스]→[민원·상담·불복·고충]→[민원처리결과 조회]에서 확인 가능 하며 영업시간 기준 1시간 내외로 발급 완료됩니다. 완료된 사업자 등록증은 인쇄하 거나 PDF 파일로 저장해 둡니다.

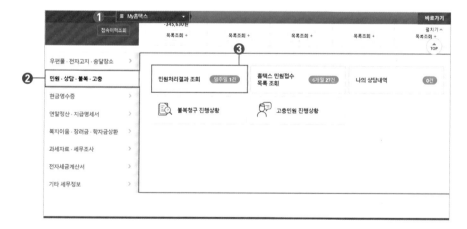

01 사업자 등록이 완료됐다면 스마트스토어 판매자센터에 접속해 '사업자 전환'을 진행하겠습니다. [판매자정보]→[사업자 전환]을 클릭합니다.

02 사업자 정보를 입력할 수 있는 항목이 나타납니다. '사업자등록번호'를 입력하고 [휴폐업 여부 조회]를 선택하면 나머지 항목이 활성화됩니다. 사업자 및 배송·정산 정보를 입력하고 하단의 [신청]을 클릭합니다.

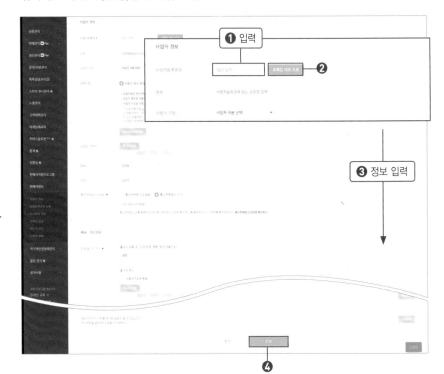

④ 통신판매업 신고 및 등록면허세 0원 TIP

통신판매업 신고란?

통신판매업 신고는 온라인 판매를 위해 반드시 해야 하는 의무 규정입니다. 정부 24 사이트에서 신고증을 발급받을 수 있습니다.

단, 사업자 등록과 달리 신고 시 **지역별 평균 등록면허세**가 발생합니다. 등록면허세는 등록 시점 및 매년 1월에 납부 의무가 발생합니다.

통신판매업 제3종 기준 등록면허세

인구 50만 명 이상 시	40,500원
그 밖의 시	22,500원
군	12,000원

통신판매업 신고는 **정부 24를 통해 가능하며 토스 페이먼츠를 통한 간편 발급도 가능**합니다. 두 가지를 비교해 본 후 편한 방식으로 등록을 진행하면 됩니다. 우선 정부 24 를 통해 정석으로 발급받는 방법을 소개하겠습니다.

무작정 따라하기

정부 24에서 통신판매업 신고하기

01 네이버에서 '정부 24 통신판매업신고'를 검색하면 해당 웹페이지에 바로 접속 가능합니다. '통신판매업신고' 아래의 [발급]을 클릭합니다.

TIP

[발급]을 누르면 '회원 또는 비회원 신청하기' 화면이 나타납니다. 편한 방법으로 신청을 진행해 주세요.

02 업체 및 대표자 정보는 사업자와 동일하게 입력해 주세요.

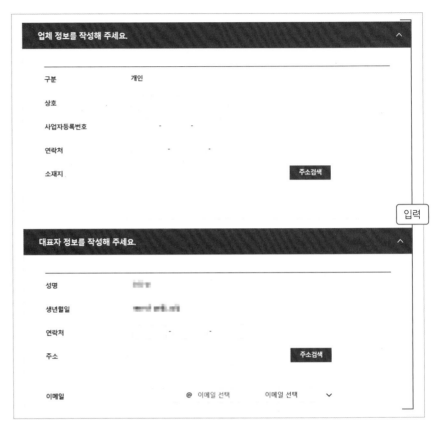

03 판매정보는 아래와 같이 입력합니다.

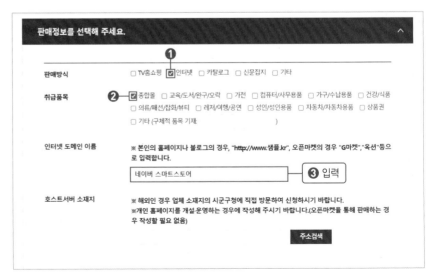

04 다음으로 '구매안전서비스 이용 확인증'을 제출해야 합니다. 네이버에서 사업자 전환을 마쳤다면 [판매자정보]→[판매자 정보]에서 화면 우측 상단의 [구매안전서비스 이용확인증]을 클릭해 바로 다운로드할 수 있습니다. 다운로드한 확인증은 '파일첨부'를 선택하여 업로드해 주세요.

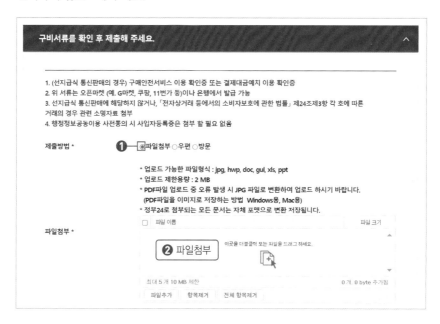

PART 2

TIP

구매안전서비스 이용 확인증이란 전자상거래에서 소비자를 보호하기 위해 만들어진 규정으로, '구매안전서비스'가 적용된 쇼핑몰에서 물품 사기 피해를 당했을 때 고객과 판매자 모두 법적으로 피해보상을 받을 수 있습니다.

05 신고증 수령방법은 '온라인발급(본인출력)'을 선택하고, [민원신청하기]를 클릭합니다. 최종 신청 후 영업일 기준 3일 내로 등록면허세 납부 관련 문자가 발송됩니다. 등록면허세를 정상적으로 납부하면 7일 내로 신고증을 발급받을 수 있습니다.

신고증 수령방법을 선택해 주세요.

온라인발급(본인출력) ── ① 선택

행정정보공동이용 사전동의

☑ 사업자등록증명

민원신청하기 ─②   취소

등록면허세 아까운데 무료로 할 수 없을까?

직전 연도 온라인 거래 횟수가 50회 미만이거나 간이 과세자라면 통신판매업 신고 의무가 면제됩니다. 따라서 정말 0원으로 시작하고 싶다면 10건 이상 판매된 후에 통신판매업 신고를 진행해도 괜찮습니다.

또한, 신고 당시 등록면허세도 최대 전액을 절약할 수 있는 방법이 있습니다. 바로 '**토스 페이먼츠**'를 통한 '**간편 신고**'입니다.

토스 페이먼츠는 토스에서 사업자를 위해 만든 전자 결제 서비스로 사업자 등록 및 통신판매업 신고, 페이, 현금영수증 발행 등의 업무를 대행합니다. 사업자 등록 및 통신판매업 신고를 무료로 대행하고 있으니 안심하고 이용해도 됩니다.

토스 페이먼츠를 통해 통신판매업 신고를 등록하면 통신판매 지원금 여부에 따라 '등록면허세'도 지원받을 수 있습니다. 통신판매 지원금액은 랜덤입니다. 또한, 귀찮은 구매안전서비스 이용 확인증을 신청과 동시에 발급하여 정부 24에 대신 제출해 줍니다. 다만, **통신판매 지원금 혜택은 언제 사라질지 모르니 우려된다면 정부 24를 통해 정석대로 신고하도록** 합니다.

⑤ 최대 6개월간 판매 수수료 0원 만들기

수수료 0원, 스타트 제로수수료 신청

스마트스토어에서는 사업 초기 영세 사업자를 위해 '주문관리 수수료'는 12개월, '매출연동 수수료'는 6개월 동안 무료로 지원합니다. 쉽게 말해서 '신규 판매자 수수료 무료'라고 이해하면 좋습니다. '스타트 제로수수료' 서비스를 신청하면 가능합니다.

구분	주문관리 수수료 지원	매출연동 수수료 지원
지원 기간	승인일 기준 익일부터 최대 12개월간 지원	승인일 기준 익일부터 최대 6개월간 지원
지원 내용	주문관리 수수료 0% 적용	매출연동 수수료 0% 적용
지원 한도	매월 순결제 금액 500만 원까지	한도 없음

지원 중 유의사항

• 주문관리 수수료 지원의 경우, 매월 순결제 금액이 500만 원에 도달한 경우 익일부터 해당 월의 지원은 중지되며 익월 2일 초기화됩니다.

　⑩ 주문관리 수수료 지원 시작일이 8월 2일이고 8월 15일에 8월 순결제 금액이 500만 원에 도달했다면, 8월 16일부터 9월 1일까지 지원이 중지되고 9월 2일부터 순결제 금액이 초기화되어 다시 지원이 시작됩니다.

• 기존 스타트 제로수수료를 통해 주문관리 수수료를 지원받고 있는 경우, 신규 스타트 제로수수료를 통한 주문관리 수수료 지원 기간은 최대 12개월(기존 주문관리 수수료 지원 기간)입니다.

　⑩ 기존 스타트 제로수수료를 통한 주문관리 수수료 지원 시작일이 2021년 6월 2일이고 신규 스타트 제로수수료 승인일이 2021년 9월 2일인 경우, 주문관리 수수료 지원은 기존 스타트 제로수수료를 지원받은 3개월을 뺀 최대 9개월간 가능합니다.

• 기존 스타트 제로수수료를 통한 주문관리 수수료 지원이 종료된 경우, 주문관리 수수료는 지원되지 않고 매출연동 수수료만 지원됩니다.

44쪽에서 배웠던 것처럼 스마트스토어의 **최저 주문관리 수수료는 1.98%, 매출연동 수수료는 2%**입니다. 위의 표를 기준으로 산출하면 **신청 및 승인 후 6개월간은 네이버 판매 수수료가 0원**인 겁니다. 신청하지 않을 이유가 없겠죠. 안 그래도 저렴한 수수료를 한 번 더 면제해 주는 프로그램입니다.

'스타트 제로수수료'는 다음의 기준을 충족하는 신규 사업자라면 누구나 신청 가능합니다.

사업자 유형	국내 사업자
사업자 가입 승인일	간이 과세자 최근 20개월 미만, 일반 과세자 최근 13개월 미만
사업자 상태	정상
사업자 판매자 등급	새싹, 씨앗
국세청 가맹점 등급	영세, 중소1

신청/승인 시 유의사항

- 하나의 사업자로 여러 개의 스토어를 운영하는 경우, 사업자 하위 전체 스토어가 신청 조건에 맞아야 신청할 수 있습니다.
- 하나의 사업자로 여러 개의 스토어를 운영하는 경우, 1개 스토어만 신청할 수 있습니다.
- 하나의 대표자가 여러 개의 사업자를 운영하는 경우, 1개 사업자의 1개 스토어만 신청할 수 있습니다.
- 승인 시점에 국세청 영세, 중소1 사업자가 아니거나, 이용 정지 혹은 양도양수 승인 완료된 경우 승인이 거부될 수 있습니다.
- 기준 기간 내 매출 금액이 국세청에 한 번도 신고가 되어 있지 않은 경우(간이 사업자 등) 승인이 거부될 수 있습니다.
- 소상공인 온라인 판로지원 사업을 통해 매출연동 수수료를 무료 지원받고 있는 경우, 스타트 제로수수료를 통해서는 주문관리 수수료만 신청할 수 있습니다.

다만 한 명의 대표, **하나의 사업자당 한 번만 신청 가능**하므로 신청하기 전 '어느 시점에 어떤 스토어에 대해 신청할지' 고민하는 것이 좋습니다. **제로수수료 적용 기간은 판매 시작일이 아닌 '신청 완료일'로부터 최대 12개월**이기 때문입니다.

간이 과세자 기준으로 가입 승인일 20개월이 넘기 전에 신청하는 것만 유의하세요.

스타트 제로수수료 신청하기

01 스마트스토어센터 좌측 메뉴에서 [판매자지원프로그램]→[판매자 지원 프로그램]을
클릭합니다.

02 프로그램 안내 화면이 나타나면 [안내 자세히보기]를 클릭합니다.

잠깐만요 스타트 제로수수료 프로그램 신청 조건 예시

아래는 사업자 전환 전 신청 화면 예시입니다. 개인 계정으로는 신청할 수 없으며 아래 예시와 같이 '사업자 유형'에 '불충족'으로 표시됩니다. 아래 조건에서 하나라도 '불충족'이면 지원 불가하니 참고해 주세요.

신청 조건

신청 항목	구분	조건	현황
		신청/승인 조건	현황
공통	사업자 유형	국내 사업자	불충족
	사업자 가입 승인일	간이 사업자 최근 20개월 미만 일반 과세자 최근 13개월 미만	충족: 2023.01.21.
	사업자 상태	정상	충족
	사업자 판매등급	새싹, 씨앗	충족
	국세청 가맹점 등급	영세, 중소1 가맹점	국세청 등급 산정 예정
	지원 이력	동일 사업자 하위 타계정에 스타트 제로수수료 지원이력 없음	충족
매출연동수수료	소상공인 판로지원 상태	매출연동수수료 미지원	충족

03 신청 및 승인 조건을 다시 확인하고, 하단의 [스타트 제로수수료 신청하러 가기]를 클릭해 최종 신청합니다.

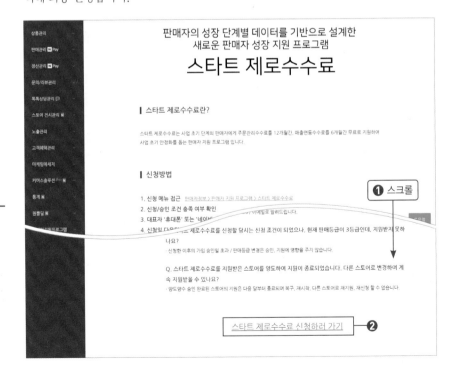

TIP

사업자 전환 후 스타트 제로수수료 대상이 되면 판매자센터 로그인 시 '신청하러 가기' 팝업이 나타나거나, 프로그램 안내 화면에 [신청하기] 버튼이 자동으로 활성화됩니다.

03

0원 시작, 배송·보관이 필요 없는 위탁 판매

1 국내 위탁 판매 주문 배송 로드맵

셀러는 도매처 주문 및 송장 번호만 입력

위탁 판매란 고객이 셀러에게 주문하면, 셀러가 도매처에 주문하는 개념입니다. 내가 쇼핑몰에서 상품을 주문하는데 우리 집 주소가 아닌 고객 주소지로 배송된다고 생각하면 됩니다. 위탁 판매의 프로세스를 간단히 표로 만들어 봤습니다. 아래의 이미지를 보시면 더 쉽게 이해되실 겁니다.

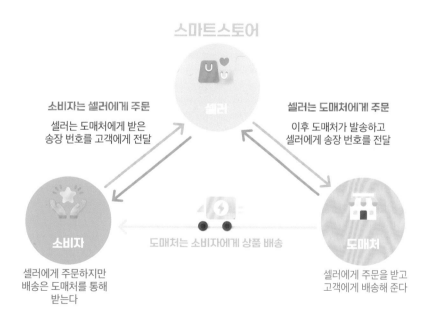

고객 주문이 인입되면 셀러는 '도매처' 사이트에 '고객 집 주소'로 주문을 넣고, 당일 발급된 송장 번호를 스마트스토어에 입력하면 됩니다. 매우 간단하죠?

쉽게 말하면 **우리가 쇼핑몰에서 물건을 구매하고, 받는 주소만 고객 주소로 적는다**고 생각하면 됩니다.

✋ **TIP**

간혹 도매처 사이트가 없는 곳과 거래할 경우에는 엑셀이나 이메일 주문을 통해 상품 발주가 가능합니다.

도매처는 **도매처와 셀러를 연결해 주는 플랫폼, 도매처에서 직접 운영하는 도매 사이트**로 나눌 수 있으며 **웬만한 도매처는 모두 온라인몰을 운영**하고 있습니다. 해당 사이트에서 사업자 인증을 거치면 판매가 가능합니다.

사이트가 없는 소규모 업체라고 해도 보통 이메일, 네이버 밴드, 카카오톡 오픈채팅방 및 플러스 채널을 통해 상품 안내를 받고 담당자와 소통할 수 있습니다.

사업 초반에는 도매 중개 플랫폼을 이용한 상품 등록을 강력하게 권장합니다. 상품 불량과 같은 분쟁 발생 시 플랫폼을 통해 일정 부분 보호받을 수도 있고, 일반적인 소규모 업체들도 플랫폼에 상품을 등록하기 때문입니다.

② 국내 위탁 대형 도매 사이트 TOP 7

특별한 관심사가 없다면 도매 플랫폼을 이용하자!

도매 사이트 중 대표적인 중개 플랫폼을 소개하겠습니다. 기업체로 운영되며 규모가 있는 곳은 아래와 같습니다.

사이트명	특징
도매매 (추천)	• 도매 업계의 '네이버'로 많은 도매처가 밀집되어 있음 • 도매 가격 경쟁이 치열하므로 셀러는 타 중개 플랫폼보다 저렴하게 상품을 소싱할 수 있음 • 일반 회원 전용 '도매꾹'도 함께 운영하므로 반드시 '도매매' 상품인지 확인하고 거래 • 일반 셀러들이 '도도매' 형태로 판매하므로 최저가 및 도매처 등급 확인 필요
오너클랜	• 도매매 다음으로 규모가 큰 회사 • 상품 대량 연동 프로그램을 이용하는 셀러들에게는 추천 • 주방용품이 많고, 초보자 교육 프로그램이 잘되어 있음
W트레이딩	• 자체 대량 연동 프로그램 위주 • 오픈마켓과 병행 운영하는 셀러에게 추천(교육 및 프로그램 사용 특화)

사이트명	특징
펀앤	• 자체 대량 연동 프로그램 위주 • 정부 지원 셀러 교육 및 자체 솔루션, 유튜브 채널도 운영
온채널	• 대량 프로그램 사용이 타사 대비 간편함 • 자체 프로그램이 가장 잘되어 있고, 독점 상품이 많음
도매토피아	• 사이트 사용이 매우 용이함(카테고리 분류가 잘되어 있음) • 온라인 무료 강의를 종종 제공하는 편
도매창고	• 사이트 이용 방법 안내 및 상품 등록 관련 초보자를 위한 팁이 많음 • 개인몰과 함께 연동해서 판매하기에 좋음

중개 플랫폼이기 때문에 사이트 내에 **다양한 도매처가 소속되어 있고, 상품 상세 이미지도 사용 가능**합니다. 또한 **셀러들을 위한 내부 교육을 진행하기도 하며 클릭 몇 번으로 상품을 등록할 수 있는 상품 전송 시스템**을 갖추고 있기도 합니다.

이 중 강력하게 추천하는 사이트는 '**도매매**'로, **도매 업계의 네이버**라고 이해하면 좋습니다. 도매매는 가장 많은 도매처와 회원을 보유하며 일반 회원 전용 도매꾹도 운영 중입니다.

단점은 '**도도매**' 형태로 판매하는 일반 셀러들이 많다는 것입니다. 도매 상품을 떼어 오면서 셀러가 도매처인 것처럼 판매하는 것입니다. 이미지까지 똑같이 사용하는 경우도 있습니다. 원 상품의 도매처에게 허가를 받았다면 위법은 아니지만, 셀러 입장에서는 **같은 상품인데 비용을 더 주고 구매하는 경우**가 발생할 수 있습니다. 도매가가 비싸지면 우리의 고객에게도 여파가 미치겠죠?
따라서 판매 상품을 대충 찾아 등록하지 말고, **최대한 여러 상품을 검색해 보고 선택**해야 합니다. 예를 들어 연습장을 판매한다면 연습장, 무지노트, 무선노트, 스프링노트, 줄없는노트, 종합장과 같이 다양한 키워드 검색은 물론 '무지 노트'처럼 각 단어를 띄어쓰기 해서도 검색하길 바랍니다.

실제로 위와 같은 단점들 때문에 도매 플랫폼에 대해 일부 비판적인 시각이 존재합니다. 모두 틀린 말은 아니지만 이렇게 생각해 봅시다. 도매 플랫폼들은 매우 활발하게 운영되고 있습니다. 소속된 직원들이 있는 기업체이며, 적지 않은 매출이 발생합니다. 이 말은 무슨 뜻일까요? 많은 셀러들이 도매 플랫폼을 이용한다는 것입니다. 이는 곧 **셀러들이 상품을 잘 판매하고, 고객들이 해당 셀러들을 통해 활발하게 구매**한다는 뜻이겠죠? 도매 플랫폼은 판매 수수료를 기반으로 운영됩니다. 셀러들이 잘 팔지 못한다면 절대 지속될 수 없는 구조입니다.

도매 플랫폼을 이용한다고 아무것도 못 파는 셀러가 되는 것이 아닙니다. 저의 수강생 분 중에는 부업으로 위탁만 하며 게다가 이런 대형 도매 플랫폼만 이용해서 월급 이상 벌었던 분도 있습니다.

대신 **누구보다 빠르고 다양하게 검색해서 좋은 상품을 선별**하는 능력이 중요합니다. 물론 도매 사이트의 상품 전송기를 통해 상품들을 '대량 등록' 하고 그중 몇 개 상품만 전략을 써서 판매해도 괜찮습니다. 사업 초기에는 이러한 도매 플랫폼을 적극 이용하세요. 추후 한 카테고리에 집중해서 전문몰로 판매하고 싶을 때 신규 도매처를 찾아도 늦지 않습니다.

③ 도매 사이트 가입 및 이용 방법

도매 플랫폼 가입 시 사업자 인증 필수

도매매를 예시로 가입 및 이용 방법을 알려 드리겠습니다. 대부분의 도매 사이트가 거의 비슷한 가입 절차 및 인증 체계를 갖추고 있으니 우선 도매매를 이용해 본다면 다른 사이트를 이용하는 데도 전혀 문제없을 것입니다. 지금부터 함께 회원가입 및 이용 방법을 숙지해 보겠습니다.

무작정 따라하기 **도매매 사이트 가입하기**

01 네이버에서 '도매매'를 검색해 사이트에 접속하여 우측 상단의 [회원가입]을 클릭합니다.

02 [도매꾹 회원가입] 또는 '간편 회원가입' 중 원하는 것을 선택하세요.

> 👆 **TIP**
>
> '도매꾹'은 일반 회원을 위한 도매 사이트로 단체 주문에 특화되어 있습니다. 사업자 인증 전까지는 도매꾹만 이용 가능합니다. 도매꾹은 대체로 상세 이미지 사용이 불가능하니 '도매매'를 이용하는 것이 좋습니다.

03 필수 항목을 모두 입력한 후 [동의하고 회원가입]을 클릭합니다.

04 다음으로 [정회원 가입하기]를 클릭해 주세요.

05 준수사항에 동의하고 [인증받기]를 클릭하여 대표자 명의로 '개인 정보 인증'을 받습니다.

06 인증이 완료되면 다음과 같이 가입 완료 메시지가 나타납니다. 이때 나가지 말고, 우측 상단의 [사업자인증]을 클릭합니다.

07 사업자 인증에 필요한 정보를 입력하고 [등록하기]를 클릭하여 인증을 완료하면 '도매매' 이용이 가능합니다. 인증 처리는 영업일 기준 1일 이내로 완료됩니다.

TIP

'도매꾹'이 아닌 '도매매'로 바로 접속해 우측 상단 [사업자 회원가입]에서 인증 절차를 진행해도 됩니다.

무작정 따라하기 **도매매에서 상품 가져오기**

01 회원가입 및 인증을 완료하고 도매매에서 상품을 검색하면 아래 리스트와 같이 가격이 노출됩니다.

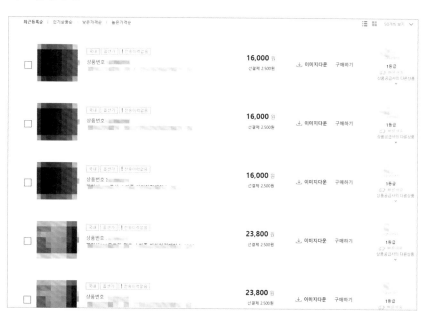

02 상품 페이지에서 [이미지무료다운로드]를 클릭하여 대표 이미지 및 상세 이미지를 다운로드하고, 스마트스토어에 동일하게 업로드할 수 있습니다.

03 상세 이미지에 대고 마우스 오른쪽 버튼을 클릭한 후 [이미지를 다른 이름으로 저장]을 선택해 저장하고 업로드해도 무방합니다. 단, 해당 이미지를 활용하여 다른 도매처의 상품을 판매하는 것은 저작권에 위배되니 주의하세요.

👆 **TIP**

스마트스토어에 상품을 업로드하는 방법은 149쪽에서 다룰 예정이니 우선은 도매 사이트 이용 방법만 숙지해 보세요.

4 도매 사이트 주문 및 배송 처리 방법

초기 주문은 수동으로, 대량 주문은 엑셀 처리

첫 주문을 미리 축하합니다. 주문이 들어오면 평소 쇼핑몰에서 주문하듯이 도매 사이트 물건을 구매하면서, 상품을 수령받을 장소만 고객의 주소지로 입력하면 됩니다. **이미지를 따로 촬영할 필요가 없고 배송도 신경 쓰지 않아도 됩니다.**

추후 주문이 많이 인입되면 **도매 사이트 내의 '엑셀 일괄 주문' 기능**을 활용하면 되므로 주문 처리에 대해서는 너무 걱정하지 않아도 됩니다.

또한, 도매 상품을 꾸준히 찾다 보면 단골 도매처가 생기기 마련인데, 이메일로 엑셀 주문을 받아 주는 도매처도 있습니다. 이렇게 되면 주문 처리가 훨씬 간편해집니다.

우선은 수동으로 주문을 처리하는 방법을 알려 드리겠습니다. 도매매를 기준으로 따라해 봅시다.

무작정 따라하기

수동으로 주문 처리하기

01 주문이 들어온 상품의 상세 정보에 들어와 [구매하기]를 클릭합니다.

💡 TIP

상품 업로드 전 도매 상품의 '상품 번호'를 메모해 두면 나중에 상품 번호로 찾을 수 있어 편리합니다. 상품 번호는 상품 페이지 우측 상단에 기재되어 있으니 참고하세요. 별도의 북마크로 저장해 두어도 좋습니다.

02 '소비자 배송정보 입력' 창이 나타나면 '쇼핑몰(상호)'에 내가 개설한 스마트스토어 이름을 입력하고, 나머지 칸에는 상품을 배송받을 고객의 정보를 기입합니다.

TIP

쇼핑몰명은 도매처에서 확인하는 용도로, 독자님의 스토어명으로 발송되는 것은 아닙니다.

03 주문 정보에서 고객 주소지를 재확인한 다음, 스크롤을 내려 결제 수단을 선택하고 약관 동의 후 [결제하기]를 클릭해 주세요. 마이페이지에서 '송장 번호' 확인이 가능하며 해당 송장 번호를 스마트스토어에 동일하게 입력하면 주문 처리가 완료됩니다.

TIP

무통장 입금 또는 신용카드 결제를 추천합니다. 무통장 입금 시 반드시 '사업자 지출 증빙용'으로 현금영수증을 발급받으세요. 신용카드로 결제하는 경우, 일정 매출이 넘어가면 사업자 통장 및 사업자 카드 개설을 강력하게 추천합니다.

5 원하는 상품이 도매처에 없다면? 이렇게 찾아보자!

포털 사이트에 직접 검색

판매하고 싶은 상품을 도매 플랫폼에서 찾지 못한 경우, 해당 상품 카테고리의 도매처를 직접 검색하는 방법도 있습니다. 네이버나 구글에서 **'위탁도매사이트' 또는 '희망 카테고리+위탁 도매'**라고 검색해 보세요. 보통 사이트로 운영하는 업체는 네이버, 구글에 사이트 등록을 하기 때문에 쉽게 찾을 수 있습니다.

예시로 네이버에 '주방용품 도매'를 검색해 보겠습니다. 여러 사이트가 나타나죠? 웹문서 외에도 파워링크, 블로그, 지도 영역까지 확인해도 좋습니다.

▲ 네이버에서 도매처 찾기

셀러 커뮤니티에서 찾기

'셀러오션'이라는 **네이버 카페**에서도 위탁 도매처 정보를 얻을 수 있습니다. '셀러오션'은 셀러들이 가장 활발히 활동하는 커뮤니티로 상품, 스토어 상담, 사입, 세무, 사무실 임대 등의 정보를 얻을 수 있습니다.

카페의 '도매 B2B | 업체정보' 게시판에서 소규모 위탁 업체 정보를 찾아볼 수 있습니다. 좋은 상품을 제공하는 개인 도매상이나, 판매를 필요로 하는 업체들이 홍보 게시물을 올립니다. 월 거래량에 따라 가격 흥정이 가능한 곳들도 있으므로 판매 경력이 어느 정도 있다면 유용하게 활용할 수 있습니다.

다만, 간혹 품질이 좋지 않은 제품을 제공하는 업체도 있기 때문에, 도매매 상품을 판매하고 시장을 어느 정도 분석한 후 거래하는 것을 추천합니다. 잘못 거래해서 피해본 사례도 있기 때문입니다.

▲ '셀러오션'의 '도매 B2B | 업체정보' 게시판에서 위탁 업체 정보 찾기

04

판매 상품은 어디서 어떻게 찾아야 할까?

① 위탁 판매 하기 좋은 상품은 어떤 것일까?

코로나, 금리 폭등에도 건재한 OOO 상품?!

코로나, 그리고 이어진 금리 폭등으로 인해 많은 분들이 힘든 시기를 겪고 있습니다. 코로나는 매장 영업을 하던 수많은 자영업자에게 큰 타격이었죠. 반면, **특정 품목을 취급하는 온라인쇼핑몰은 매출이 20~50%가량 증가**하는 수혜를 입기도 했습니다.

이 시기에는 어떤 상품이나 서비스가 잘됐을까요? 아마 많은 분이 '배달'이나 '마스크'를 떠올렸을 것 같은데요.
이 외에도 코로나 시기에 유독 각광받은 상품들이 있습니다. 바로 집에서 누릴 수 있는 종류의 상품입니다. 방 꾸미기, 취미 키트, 조리 가전, 밀키트, 홈트레이닝, 실내 식물, 도시락 통 등 수백 개의 상품을 떠올려 볼 수 있습니다. 이렇듯 '실내 생활에 필요한 상품'에도 수없이 많은 하위 아이템이 존재합니다.

넓은 시야를 가지고, 좁은 마켓을 생각할 것

또 다른 예를 들어 볼까요? 싱글족이 증가함에 따라 반려동물 시장 역시 매년 확대되고 있습니다. 반려동물에 강아지, 고양이만 있는 것은 아니겠죠? 남들 다 판매하는 강아지, 고양이 관련 아이템이 아닌 햄스터, 도마뱀, 물고기 용품 같은 틈새 아이템을 찾아볼 수도 있습니다.

앞으로 상품을 판매하려 한다면 항상 **넓은 시야, 좁은 마켓**을 생각하길 바랍니다. 강아지, 고양이 용품은 오프라인 매장에서도 손쉽게 구할 수 있습니다. 그러나 파충류 용품 중에서는 오프라인에서 구하기 힘든 제품도 많습니다.

판매 상품을 찾을 때는 책에서 알려 주는 매뉴얼과 전략을 이용해도 좋지만, 항상 스스로 **하나의 카테고리를 정하고 그 안에서 파생될 수 있는 상품에는 무엇이 있는지 쪼개서 생각하는 것**이 중요합니다. 온라인 채널에서 마케팅 인사이트를 꾸준히 살펴보고, 매년 출간되는 《트렌드 코리아》와 같은 책을 구매해서 보는 것도 권장합니다.

👍 TIP

쇼핑 인사이트는 네이버 데이터랩, 통계청 온라인쇼핑 동향에서 살펴보고, 마케팅 인사이트는 제일 기획에서 발간하는 '제일 매거진', 콘텐츠 큐레이션 '퍼블리', 전 세계 트렌드를 소개하는 '트렌드와칭'을 참고하면 좋습니다. 퍼블리의 경우 월 구독 형태로 유료 이용 가능하니 제일 매거진이나 트렌드와칭만 보셔도 무방합니다.

또한 **시즌 아이템은 속도가 중요**합니다. 판매하고 싶은 상품이 시즌 아이템이라면, 최소 3개월 전에는 준비해서 2개월 전에는 세팅을 끝내고 등록을 마치는 것이 바람직합니다. 일반 생활용품은 이미 시장이 확대되어 있기 때문에 고심해서 잘 등록하는 것이 좋지만 '시즌템'은 먼저 등록하는 사람이 하나라도 더 판매할 수 있습니다.

시즌 아이템도 키워드를 공부한 후 도매 상품을 구한다면 어렵지 않습니다. 시즌 상품도 위탁으로 잘 판매하는 셀러들이 많습니다. 물론 제 수강생분들 중에도 존재하고요.

입문자가 등록하기 만만한 상품이 있을까?

처음 스토어를 운영하는 분들은 판매 아이템을 떠올리기가 어려울 수 있습니다. 도매처에서 많은 제품을 보유하고 있는 카테고리 중 판매하기 까다롭지 않은 상품을 선택하는 것이 좋습니다. 초반에 등록하는 상품은 몇 개라도 아래의 기준에 따라 선택하기를 권장합니다.

👆 TIP

생활용품을 먼저 등록한 후 틈틈이 시장 조사를 하고 시즌 아이템을 공부하며 전략을 쌓아 보세요. 이후 더 나아가 브랜딩에 도전해 보고 싶다면 그때 추가 강의를 수강하며 욕심내도 좋습니다.

생활/주방/ 패션잡화/차량용품 /인테리어소품

안전 인증 필요 없는 상품

묶음, 패키지로 판매 가능한 상품

먼저 도매처에서 가장 많은 상품을 가지고 있어 상품 선택지가 많은 '생활용품' 카테고리의 아이템을 몇 개 등록해 보는 것이 좋습니다.

또한 초보자라면 안전 인증이 필요한 상품은 판매하지 않는 것을 추천합니다. **'안전 인증'을 받아야 하는 제품으로는 대표적으로 전기 제품(KC 인증), 어린이나 유아용 상품, 식품이나 화장품** 등이 있습니다. 쉽게 말해 전기 콘센트를 꽂아야 하는 상품, 유아나 어린이가 사용하는 모든 제품, 먹거나 바르는 상품은 인증이 필요하다고 이해하면 됩니다. 이 외에도 인증이 필요한 카테고리는 스마트스토어 상품 등록 시 '인증 필수 팝업'이 노출됩니다.

보통은 도매처가 해당 인증을 받고 상품을 판매하지만, 실수로 인증 번호를 누락해 인증 없이 판매하게 되면 그 책임은 오롯이 셀러에게 있습니다. 고객 입장에서도 꼼꼼하게 점검하는 제품군이다 보니 고장이나 상품 불량과 관련한 CS도 더 발생하는 편입니다.

마지막으로, **해당 상품이 도매처에서 다른 상품과 묶음으로 배송되는지, 셀러가 패키지로 판매할 수 있는지**도 고려하면 좋습니다. 그 이유에 대해서는 140쪽에서 좀 더 자세히 다루도록 하겠습니다.

2 네이버 데이터랩 인기 상품 분석하기

데이터랩을 통해 숨어 있는 인기 아이템 찾기

카테고리를 정했다면 이제 어떤 상품을 판매하면 좋을지 생각해야 합니다. 아이템을 고를 때는 '네이버 데이터랩'을 활용해 봅시다.

네이버 데이터랩은 일반적으로 인기 트렌드나 경쟁사 분석을 위한 툴로 사용되며, **분야별 인기 상품을 분석할 수 있는 쇼핑 인사이트**를 제공하기도 합니다. 아직 나만의 아이템이 없다면 데이터랩을 통해 시장을 낱낱이 분석하려고 하기보다는 **'숨어 있는 인기 아이템을 찾는다'**는 마인드를 가지는 것이 바람직합니다.

01 네이버에서 '네이버 데이터랩'을 검색해 웹사이트에 접속한 후 상단의 [쇼핑인사이트] 탭을 클릭합니다.

02 자동으로 '패션의류' 카테고리의 1개월간 클릭량 추이가 나타납니다. 의류를 판매할 것이 아니기 때문에 카테고리와 기간을 변경해 보겠습니다.

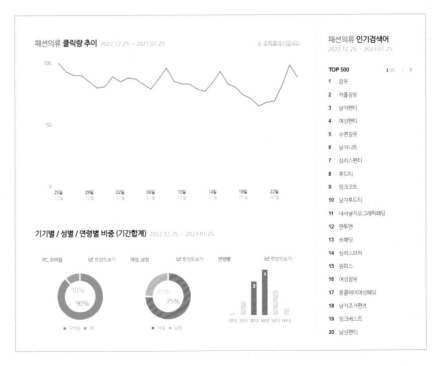

03 분야와 기간을 설정해 볼까요? 원하는 분야를 2분류까지만 선택하고, 기간은 반드시 1년으로 설정합니다. 이 책에서는 아래의 예시로 살펴보겠지만, 분야는 추천 카테고리 내에서 자유롭게 변경해 검색해 주세요.

- 분야: 생활/건강 - 수납/정리용품
- 기간: 1년
- 기기, 성별, 연령: 전체

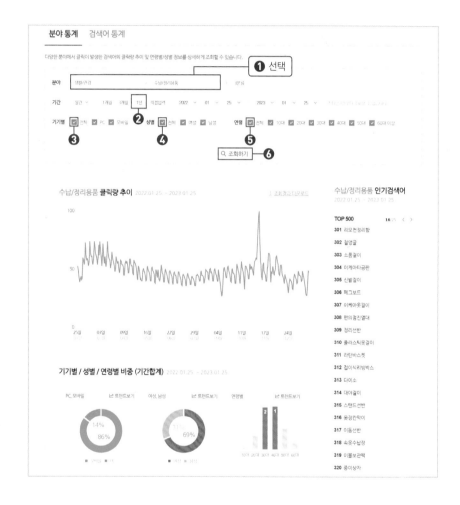

💬 **잠깐만요** **위와 같이 설정하는 이유가 있나요?**

3분류를 정하지 않고 2분류까지만 잡는 이유는 말 그대로 '아이디어를 얻는 단계'이기 때문입니다. 기간을 1개월이나 3개월처럼 짧게 설정하면 시즌 아이템의 영향을 받을 수 있기 때문에 1년 단위로 조회하는 것을 추천합니다. 처음 시작한다면 1년 내내 잘 팔리는 상품을 팔겠다는 각오를 다지는 게 좋으니까요.

04 [조회하기]를 클릭하면 '클릭량 추이'와 '인기검색어'를 확인할 수 있습니다. 이 중 우측 인기검색어만 확인하면 되는데, 1위부터 보지 말고 최소 20위 바깥부터 조회하기를 추천합니다. 책에서는 순위를 넘겨 241위부터 조회해 보았습니다.

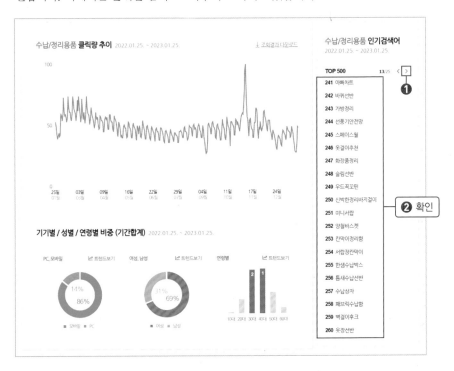

조회해 보니 평소에 쉽게 접하지 못하는 아이디어 상품도 눈에 띕니다. 이때 너무 고민하지 말고, 보면서 **'궁금하다! 특이하다! 검색해 보고 싶고, 관심 간다!'** 싶으면 전부 기록해 놓으세요. 엑셀, 노션, 메모장, 손 필기 등 편한 방식이면 무엇이든 상관없습니다.

저의 경우 수강생분들에게 엑셀 파일에 상품 정리하기를 권장하는 편입니다. 말 그대로 아이디어를 얻는 과정이기 때문에 일주일 동안 하루 10분씩 생각해 보아도 좋고, 아니면 하루를 정해 몰아서 찾아도 좋습니다. 최소 20개 이상 적어 본다는 목표로 임해 주세요. 이렇게 얻은 상품 아이디어를 활용하여 119쪽에서 직접 키워드를 찾고 분석해 볼 예정입니다.

③ 키워드 분석 사이트, 도매 기획전 활용하기

키워드 분석 사이트에서 아이디어 얻기

매번 바뀌는 상품 트렌드를 전부 파악하고 분석하기란 쉽지 않습니다. 이런 셀러들의 니즈에 따라 **키워드 및 상품 분석 서비스**가 상당히 많아졌습니다. **'네이버 키워드 분석 사이트'**로만 검색해도 다양한 키워드 사이트가 노출됩니다. 저 역시 수강생분들께 이벤트 자료로 사이트 목록을 제공하기도 합니다.

책에서는 무료로 이용할 수 있는 '판다랭크'를 소개하겠습니다. 판다랭크는 UI가 간결해 핵심 정보만 확인하기 좋습니다.

다음은 판다랭크 사용 예시입니다. 판다랭크에 접속해 [키워드찾기]→[카테고리로 찾기]를 클릭하고 '2차 카테고리'까지 설정 후 검색해서 아이디어를 얻으면 됩니다.

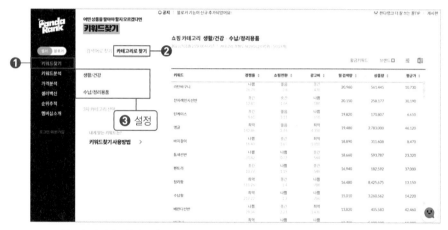

▲ 무료 키워드 분석 사이트 '판다랭크' 사용 예시

아이디어를 얻는 단계이므로 '쇼핑전환'이나 '월 검색량'만 내림차순으로 정렬해 최적인 상품만 따로 기재해 두면 됩니다.

단, 키워드 사이트는 최근 인기 상품이나 전환이 좋은 상품 위주로 보여 주는 경향이 있으므로 **반드시 '네이버 데이터랩'을 동시에 활용하여 분석**하기를 권장합니다.

시즌 아이템은 도매 사이트 기획전 활용하기

도매 사이트에서 상품을 직접 검색해서 찾을 수도 있지만 메인 기획전을 보고 아이디어를 얻는 방법도 있습니다. **도매 사이트에서는 기획전을 통해 발 빠르게 시즌 상품을 알려 줍니다.**

예시로 도매매의 기획전을 살펴보겠습니다. 도매매에서는 메인 화면 하단의 **'상품 기획전'을 통해 해당 시즌이 다가오기 전에 판매할 만한 상품 카테고리를 소개**합니다. 아래 이미지는 1월에 노출된 기획전으로, 2~3월의 시즌 상품을 미리 홍보하고 있습니다.

▲ 도매매 시즌 상품 기획전 페이지

다만 기획전에 노출된 상품을 그대로 업로드하지 말고 아이디어 정도만 얻는 것을 추천합니다. 키워드 및 이미지를 분석하는 방법을 각각 110, 128쪽에서 소개하겠습니다.

4 오늘 본 상품, 바로 찾아 등록하기

경쟁이 치열한 상품은 누구나 알고, 아무나 판매한다

'요새 ○○가 대세입니다. 이거 등록하세요'라는 말을 따라간다면 경쟁에서 밀리기 마련입니다. 경쟁에서 밀리는 상품만 등록하다 보면 금방 지치겠죠.
고생스럽게 상품을 등록했는데 보람이 없으면 너무 힘들지 않을까요? **오래 지치지 않는 부업**을 하는 게 중요합니다.

현재 딱히 관심 있는 상품이 없더라도 유행을 좇지 말고, **일상생활에서 우연히 구매한 아이템이나 평소에 사용하는 아이템 위주**로 상품 등록을 생각하는 것이 좋습니다.

스토어 운영에 재미가 붙으면 **'저거 재밌는데? 나도 한번 올려 볼까?'**라는 마음이 드는 시기가 찾아옵니다. 예를 들어, 광고에서 기발한 상품을 발견하고 도매 사이트에서 바로 찾아 등록할 수도 있습니다. 이렇게 큰 기대 없이 재밌어 보이는 상품을 등록했는데 1~2개씩 판매되기 시작하면 신나서 또 다른 상품을 등록하고 싶어질 겁니다.
초반에 판매할 상품은 데이터랩과 키워드 사이트에서 아이디어를 얻되, 위와 같이 우연히 발견한 상품은 119쪽에서 소개할 키워드 전략을 사용하여 '그냥 한번' 등록해 보세요. 모든 상품을 전략적으로 등록하려고 하면 쉽게 지칠 수 있습니다.

또한, 키워드 사이트에서 알려 주는 상품들은 우리만 보는 것이 아니기 때문에 금세 경쟁이 치열해지고, 그러다 보면 내 상품이 밀려나기 쉽습니다. 그러나 내가 관심을 가지고 선택한 상품이나 일상생활 속에서 발견한 상품은 조금 다릅니다. **사람들이 어떤 키워드로 검색하는지, 어떻게 판매하는 것이 좋을지 고객의 입장으로 바라볼 수 있어 나만의 상품을 구축**할 수도 있습니다.

이런 상품들을 발굴하다 보면 자연스럽게 아이템을 보는 나만의 시각이 길러집니다. 파워 셀러가 되어 스토어를 추가로 개설할 수 있을 때 해당 카테고리의 전문몰을 만들 수도 있고, 광고 마케팅을 할 때도 크게 도움받을 수 있답니다.

PART **3**

세 가지로 끝내는 스마트스토어 수익화 전략

01

0원으로 상위 파워 키워드 찾기

1 네이버에서 상위 노출이 중요한 이유

특정 상품 최저가가 궁금하다면?
인스타에서 발견한 상품 자세히 보고 싶다면?

이럴 때 주로 어디서 검색하시나요? 이 책을 보는 많은 분들이 '네이버'라고 답하셨을 겁니다. 바로 이 점이 네이버에서 쇼핑몰을 시작해야 하는 이유입니다.

처음 접하는 정보, 상품, 인물에 대해 궁금한 점이 생기면 사람들은 일단 네이버에 검색부터 합니다.

원하는 특정 상품이 즐겨찾기 몰에 없을 때, **상품을 살지 말지 고민될 때, 여러 가지 상품 중 어떤 것을 살지 비교할 때, 네이버에 한번 검색**해 보는 것이죠.

그렇다면 여기서 생각해 보아야 할 지점이 있습니다.
네이버에서 상품을 상위 노출하면 어떤 점이 가장 좋을까요?
네, 당연히 판매가 잘되겠죠. 대다수의 고객은 네이버에서 원하는 상품을 검색한 후 **1페이지 내에 있는 상품, 그중 광고 제외 상위 5순위 이내 상품을 구매**하는 경향이 있습니다.

핸드폰 케이스를 예시로 상품과 키워드를 살펴보겠습니다.

아무것도 모르는 상태로
핸드폰 케이스를 1페이지에 노출시킬 수 있을까요?

▲ 네이버 메인에서 '핸드폰케이스' 검색 시 1페이지에 노출되는 상위 상품 리스트

위 이미지에서 '쇼핑 더보기' 옆 괄호에 있는 숫자와 이를 클릭해서 보이는 전체 수치를 주목해 보세요. 해당 숫자는 등록된 핸드폰 케이스의 상품 수를 의미합니다. 3천만 개가 넘어가네요.

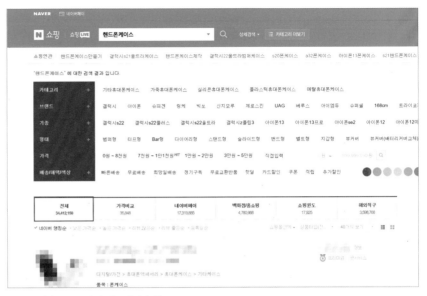

▲ 3천만 개의 상품 중 내 상품을 노출하려면?

3천만 개의 상품 중에서 **유입도 판매도 안 된 우리 상품을 1페이지에 노출하기란 불가능에 가깝습니다.** 하지만 전략적으로 키워드를 찾는다면 얘기는 달라집니다.

이전에 제 강의를 수강하신 분들에게 '핸드폰 케이스' 키워드 중 조건에 맞는 키워드를 알려 드린 적이 있습니다. 그중 한 분은 **해당 키워드를 활용해 상위권에서 핸드폰 케이스를 꽤 잘 판매**하셨습니다. 브랜드 상품도 아닌데 말이죠.

수많은 스마트스토어 기본서와 인터넷 정보에서 '키워드'에 대해 두루뭉술하게 표현하는 경향이 있습니다. 네이버의 기본 상위 노출 기준에 대해서는 잘 설명하지만 정작 우리가 원하는 정보, 즉 **상품의 특징 중 어떤 키워드를 제목으로 찾아야 하는지** 명확하게 알려주지 못하는 거죠. 네이버가 싫어하는 대행사 작업을 추천하는 경우도 있습니다.

그런 정보들이 잘못된 게 아닙니다. 어떤 키워드에서 상위를 점할 수 있는지 분석하기 어렵고, 로직이 카테고리마다 다른 결과를 보이기 때문에 의견이 다른 겁니다.
이런 점 때문에 스마트스토어에서 우위를 점하고 있는 프리미엄 셀러들도 키워드에 대해서는 제대로 파악하지 못하고 있는 경우가 많습니다. 초반에 운 좋게 상위 노출된 상품으로 광고를 하고, 체험단을 진행하며 상위 순위를 유지하고 있는 셀러가 많다는 뜻이죠.

어떤 키워드를 찾아서 제목에 활용해야 할까요?

우선 네이버가 싫어하는 제목 기준과 상위 노출 기준을 알려 드리겠습니다. 아래 네 개 중 어떤 제목이 네이버에서 상위 노출되기 어려운 제목일까요?

❶ ★반짝반짝★ 샤인 블링한 최고 예쁜 화이트 샤인 원피스
❷ 주름아 가지 마! 40대 탄력 지키미 아이크림 1개 추가 증정 혜택
❸ [금랜 추천] (쉿! 스마트스토어 킹왕짱) 전자책 1위 쿠폰
❹ 전지현st 30대 청담동 며느리룩 원피스

네 가지 모두 잘못된 제목입니다. 지금부터 네이버의 기준을 최대한 쉽게 알려 드리겠습니다. 네이버에 상품을 등록할 때는 다음과 같은 문구 사용을 지양해야 합니다.

제목에 사용하지 마시오!
**특수문자, 형용사, 조사, 수식어, 이벤트 관련 혜택 문구,
상품과 관계없는 인물이나 캐릭터명**

따라서, 아래 빨간색으로 표시한 부분은 제목에서 제외해야겠죠?

❶ ★반짝반짝★ 샤인 블링한 최고 예쁜 화이트 샤인 원피스
❷ 주름아 가지 마! 40대 탄력 지키미 아이크림 1개 추가 증정 혜택
❸ [금랜 추천] (쉿! 스마트스토어 킹왕짱) 전자책 1위 쿠폰
❹ 전지현st 30대 청담동 며느리룩 원피스

자사몰을 운영할 때 많은 셀러들이 상품의 특성을 살리기 위해 다양한 수식어를 붙이고, 눈에 띄도록 특수문자를 활용해 제목을 짓습니다. 그러나 네이버 시장에서는 다르게 접근해야 합니다.

제목은 **35자 이내, 명사 위주로 중복 단어 없이** 만들어 주세요. 네이버의 기준은 50자 이내지만 제목이 길어지면 엔진이 해당 상품의 카테고리가 뚜렷하지 않다고 인식할 수 있습니다. 최근에는 짧은 제목을 좋아한다는 사실만 기억해 두세요.

위 제목을 네이버 기준에 맞게 수정해 보겠습니다.

① 샤인 블링 화이트 원피스
② 주름 방지 40대 탄력 아이크림 1개 세트
③ 연금아일랜드 스마트스토어 전자책
④ 30대 청담동 며느리룩 원피스

다만, 위와 같은 제목을 쓴다면 판매로는 이어지지 않을 수도 있습니다. 무엇이 문제일까요? 바로 '핸드폰 케이스'처럼 **경쟁이 치열해 상위 노출이 힘들거나 아무도 검색하지 않는 키워드**일 수 있기 때문입니다.

다음은 네이버가 소개하는 기본 상위 노출 기준입니다. 각 파트에서 해당 기준에 대해 다룰 예정이니 우선 지금은 가볍게 훑는 정도로 살펴보겠습니다.

쇼핑검색 랭킹 구성 요소

적합도 — 사용자의 검색 의도에 적합한 상품 — 상품명 · 카테고리 · 제조사브랜드 · 속성태그

인기도 — 많이 찾고 많이 판매되는 상품 — 클릭 수 찜 수 · 판매 실적 · 리뷰 수 · 최신성

신뢰도 — 상품 정보를 신뢰할 수 있는 상품 — 상품명 SEO · 네이버 쇼핑 페널티

네이버는 쇼핑 플랫폼이기 이전에 검색 엔진입니다. 검색 결과에서 무관한 정보를 배제하고 정확도나 인기순으로 문서를 배열하는 것처럼 상품도 이와 비슷합니다. 적합도와 신뢰도 파트는 상품 제목 파트에서 알려 드릴 예정이니 지금은 '인기도' 파트만 가볍게 분석해 보겠습니다.

인기도는
많이 찾고 많이 팔린 평이 좋은 신상 상품

클릭 수 찜 수	판매실적	리뷰 수	최신성
최근 7일 쇼핑검색 Hit 찜하기	최근 2일 / 7일 / 30일 판매 지수	카테고리별 상대 지수	등록일순 신상품 일시적 랭킹 노출 유도

PART 3

인기도 기준에는 클릭, 판매, 리뷰, 최신성 점수 등이 있습니다. 한마디로 적합도와 신뢰도 기준에 맞는 상품 중 인기 상품을 상위에 노출시켜 준다는 의미입니다.

기준을 충족하기 위해 일부 셀러와 대행사는 무리하게 가구매를 진행하기도 합니다. 그러나 이 경우 높은 확률로 네이버의 어뷰징에 걸리게 됩니다. 앞서 말했듯 네이버는 쇼핑 플랫폼이기 이전에 '검색 엔진'이기 때문입니다.

가구매로 돈부터 썼는데 네이버 눈 밖에 나서 상품을 팔지 못하게 되는 최악의 상황을 마주하게 되는 거죠. 그렇기에 아직 네이버의 로직에 대해 잘 알지 못하는 초보 사장님은 대행사의 사탕발림에 빠지지 않도록 주의해야 합니다. 물론 정직한 방법으로 마케팅을 잘하는 대행사들이 훨씬 많긴 합니다.

그럼, 이 중에서 우리가 노릴 수 있는 기준은 어떤 것일까요?
바로 '최신성' 기준입니다. **'최신성' 기준은 최신 상품을 네이버가 일정 기간 동안 노출시켜 준다**는 의미로 생각하면 쉽습니다. 지금 **키워드 몇 개만 네이버에 검색해서 [VIEW] 탭을 확인**해 보세요. 모든 키워드는 아니어도 특정 키워드에서 'n일 전' 게시물을 확인할 수 있을 겁니다.

▲ '최신성' 기준을 충족하면 1페이지 노출 가능성이 높아진다!

물론 대부분의 키워드는 '마스크'의 경우처럼 인플루언서 블로그 포스트가 장악하기 때문에 상위 노출될 만한 키워드는 별도로 공부해야 합니다. 저는 이 룰을 적용해서 일시적으로 블로그 첫 글을 1페이지 5순위 상단에 노출시킨 적도 있습니다. 네이버 쇼핑도 VIEW와 거의 흡사한 로직을 갖고 있습니다.

▲ '최신성' 기준을 충족해 검색 결과 1페이지에 노출된 사례

그렇다면 상품도 구매 건수 없이 1페이지에 노출시킬 수 있을까요? 전략만 잘 사용한다면 불가능하지 않습니다. 키워드에 따라 적합도, 신뢰도 기준을 잘 지키고, 가격대가 크게 높지 않다면 최신 상품을 일정 기간 동안 상위에 노출시켜 줍니다. 블로그와 비슷하죠.

단, 최신순 점수를 만점 받는다고 해도 **경쟁이 치열한 키워드에서는 1~2페이지에 바로 노출될 확률이 극히 낮습니다.** '마스크' 상품을 예로 들어 알아보겠습니다.

② 경쟁이 치열한 마스크도 키워드 하나면 잘 팔 수 있다?

지금 바로 네이버에서 마스크를 검색해 보세요. 그럼 '쇼핑 더보기' 옆의 숫자를 확인할 수 있습니다. 675만 개, 만약 마스크를 판매한다면 경쟁 마스크 수가 675만 개라는 뜻입니다. 앞으로 이 수치를 '**경쟁 상품 수**'라고 부르겠습니다.

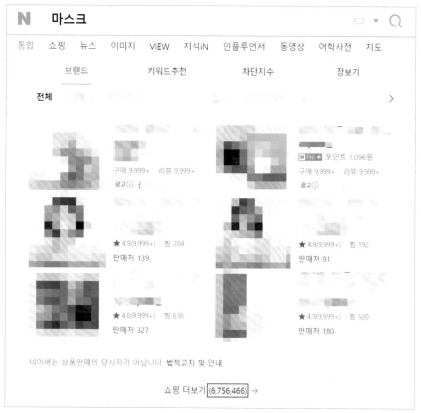

▲ 마스크의 경쟁 상품 수

경쟁 상품 수 6백만 개 마스크를 어떻게 노출시킬 수 있을까요? 광고 없이 '마스크' 키워드만으로는 불가능에 가깝습니다.

마스크 때문에 잠도 못 이룰 정도로 설레는 게 아니면 마스크 판매는 되도록 말리고 싶습니다. 그럼에도 간절하게 판매하고 싶고, 관심사라면 당연히 시도해 볼 수 있겠죠. 이럴 때 사용하는 전략은 바로 **'상품 수는 낮고, 검색 수는 높은 키워드를 찾아 제목에 활용'**하는 것입니다. 키워드 사이트를 통해 '쇼핑 강도'를 보고 파악하는 것도 방법입니다.

앞 장에서 '최신성' 점수를 획득하는 것이 좋다고 말씀드렸습니다. 단, 최신성 점수를 획득하더라도 경쟁이 치열한 '마스크' 같은 키워드는 1~2페이지 상단에 노출하기 어렵습니다. 네이버 엔진이 6백만 개 중 유입도 판매도 안 된 상품을 1페이지 상위권으로 노출시켜 줄 리 없겠죠?

그러나 **상품 수가 적은 키워드는 다릅니다.** 유입 및 판매가 월등히 높은 상품이 비교적 적기 때문에 '최신성' 점수를 노려 볼 수 있습니다. 다음은 '마스크' 관련 키워드 예시입니다.

키워드	카테고리	상품 수	월간 검색 수 (PC + 모바일)
마스크	먼지차단마스크	6,988,687	385,600
덴탈마스크	먼지차단마스크	168,480	119,910
KF94마스크	먼지차단마스크	728,364	74,740
덴탈마스크중형	먼지차단마스크	9,174	7,670
새부리형마스크소형	먼지차단마스크	17,814	2,710
돌아기마스크	유아마스크	1,520	2,000
두돌아기마스크	유아마스크	418	1,120

위 마스크 키워드 중 어떤 키워드의 경쟁력이 높을까요? 당연히 상품 수는 적고, 월간 검색 수는 높은 키워드겠죠. 위 표에서는 '돌아기마스크', '두돌아기마스크'처럼 3살 미만의 아기 마스크 상품을 선정해 키워드를 잡고 상품을 등록하는 것이 좋습니다.

강의를 수강하는 분들에겐 직접적으로 수치를 알려 드리고 있으나 상품을 몇 번 등록하고, 익숙해지면 어떤 키워드에서 상위 노출이 되는지 노하우를 쌓을 수 있습니다. 앞으로 상품을 등록하고 모니터링할 때, 다음 기준을 늘 염두에 두시길 바랍니다.

- 어떤 키워드에서 1페이지에 노출이 되었나?
- 해당 키워드의 상품 수와 검색 수는 몇인가?
- 상품이 몇 개 이상 판매됐을 때 1페이지에 노출되었나?

상품 등록 후에도 위 체크리스트를 항상 점검해 주세요. 처음엔 1~2개 키워드에서 노출되더라도 추후 판매가 잡힌다면 '마스크' 같은 대형 키워드에서도 노출될 수 있습니다.

③ 상위 노출이 가능한 파워 키워드 찾는 방법

키워드를 찾을 때는 PART 2에서 소개한 '판다랭크' 같은 키워드 사이트나 네이버 '쇼핑 연관', '경쟁사 제목'에서 아이디어를 얻을 수 있습니다. '네이버 광고'를 통해 아이디어를 얻어도 좋습니다.

제목을 만들고 키워드를 정할 때 경쟁 강도, 경쟁 회사의 리뷰 수나 구매 전환율 등을 살펴보는 분들도 많지만, 위탁 상품을 등록할 때는 너무 염두에 두지 않아도 됩니다. 브랜딩이 필요한 사입 상품은 이런 요소를 고려하는 것이 맞지만 **위탁 상품은 키워드 기준에 맞게 제목을 써 보고, 상품을 등록해 본 후 상위에 어느 정도 안착되는지 먼저 점검**하는 것을 추천합니다.

상품을 분석하는 데 시간을 오래 소요하기보다 그 시간에 하나라도 더 등록해서 노출이 되는지 직접 부딪혀 가며 공부하는 것이 더 좋습니다. **경쟁 강도가 높다고 판단한 상품도 바로 상위 노출해서 잘 파는 셀러들도 있고, 경쟁 강도가 낮다는 상품도 상위 노출하지 못하는 셀러도 많기 때문입니다.** 다만, 우리는 광고나 대행사 작업을 하지 않기 때문에 첫 판매에서 반응이 오는 기간은 1~2주로 넉넉잡아 생각하는 게 좋습니다.

❶ 네이버 쇼핑에서 '쇼핑 연관' 키워드 발굴하기

네이버 쇼핑에 들어가 '마스크'를 검색해 보세요. 검색창 하단 '쇼핑연관'에 관련 키워드들이 나타납니다. 경우에 따라서는 연관 상품이 노출되기도 하고, 연관 키워드가 보일 때도 있습니다.

쇼핑연관에서 키워드를 계속해서 타고 들어가 **상품 수가 최대한 적은 키워드들을 발**굴해 봅시다. 이 중 **브랜드명이 들어간 키워드는 제외하고 세부 키워드를 찾아보세요.**

▲ 연관 키워드를 클릭하며 키워드 발굴하기

❷ 상위 경쟁사 제목에서 키워드 발굴하기

경쟁이 심한 상품이라면 쇼핑연관에서 매력적인 키워드를 찾지 못할 수도 있습니다. 이럴 때는 1페이지 상품들의 제목을 유심히 살펴보세요. **상위 상품의 제목에 어떤 키워드가 사용되었는지 참고**하는 겁니다.

TIP

브랜드명, 연예인 이름, 상단의 광고 상품을 제외한 상품 키워드를 살펴보세요.

▲ 1페이지 노출 상품의 제목 확인하기

KF94, 새부리형, 비말, 귀안아픈, 귀편한, C타입, 국산, 여름

발굴한 키워드를 메모하고 새롭게 조합하여 네이버 쇼핑에서 다시 검색해 보세요. 경쟁 상품 수가 적다면 정리해 둡니다. 경쟁사 제목을 통해 찾은 '여름용비말마스크'의 경우 상품 수가 5천 개 정도로 적은 편임을 확인할 수 있습니다. 단, 브랜드명이 들어간 키워드는 제외하고 세부 키워드를 찾아보세요.

▲ 발굴한 키워드 조합해 세부 키워드 찾기

❸ 키워드 사이트 적극 활용하기

네이버에 '키워드 분석'이라고만 검색해도 상품 수와 검색 수를 한 번에 분석할 수 있는 사이트가 많이 조회됩니다. PART 2에서 언급한 무료 사이트인 판다랭크를 활용해도 좋고, 유료 멤버십 형태로 운영되는 곳들도 월 1~5만 원대로 저렴하게 이용할 수 있으니 다양하게 비교해서 사용해 보아도 좋습니다.

책에서는 '판다랭크'에서 키워드를 찾아보겠습니다.

01 네이버에서 '판다랭크'를 검색한 후 판다랭크 메인 화면에서 원하는 상품 키워드를 검색합니다. 예시로 '마스크'를 검색해 보겠습니다.

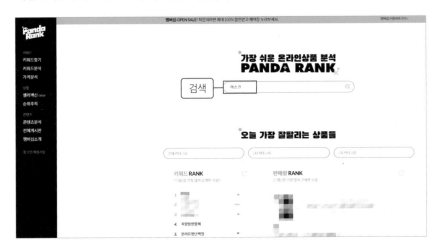

02 검색하면 해당 키워드의 '월 검색량', '상품량' 등의 수치가 조회됩니다. 상단의 [연관키워드] 탭을 클릭해 볼까요?

💡 **TIP**

판다랭크는 하나의 키워드를 분석하는 데 그치지 않고, 제목에 사용할 다양한 연관 키워드를 찾는 데서 진정한 강점을 발휘합니다.

03 아래와 같이 다양한 키워드가 조회됩니다. '상품수' 항목의 [▲]을 눌러 오름차순으로 키워드를 살펴봅시다. 상품수, 월 검색량, 쇼핑전환이 괜찮은 키워드를 선정하고, '마스크' 외 다른 키워드로도 연관 검색어를 조회해 최대한 많은 키워드를 찾아보세요.

 TIP

상품 수가 정확하지 않게 조회될 수 있으니 네이버 쇼핑에서 한 번 더 검색해 보시길 권장합니다.

④ 네이버 광고에서 아이디어 얻기

네이버 광고에서도 연관 검색어를 추가로 발굴할 수 있습니다. 단, 월간 검색 수만 조회가 가능하고, 상품 수는 별도로 검색해야 하기 때문에 키워드 사이트보다는 번거롭다는 단점이 있습니다. 그러나 키워드 사이트보다 훨씬 더 다양하게 많은 키워드를 추출할 수 있고, 월간 검색 수도 보다 정확하게 분석 가능하기 때문에 함께 참고하기를 추천합니다.

01 네이버에서 '네이버 광고(searchad.naver.com)'를 검색해서 들어가 '신규 가입'을 진행
합니다. 네이버 계정이 있다면 해당 계정으로 로그인합니다.

02 로그인 후 [광고시스템]→[도구]→[키워드 도구]를 클릭합니다.

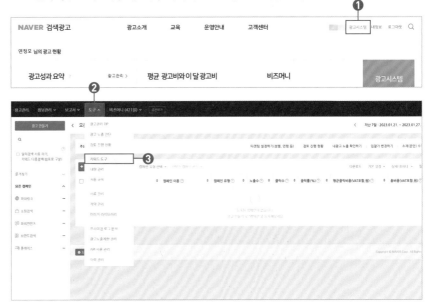

03 '키워드' 항목에 키워드를 입력하고, [조회하기]를 클릭합니다.

TIP

최대 5개까지 검색 가능하며, 검색할 때 는 가급적 '마스크' 같은 메인 상품 키워 드를 검색해야 연관 키워드가 많이 나옵 니다.

04 화면 우측 [필터]→[필터 만들기]→[연관키워드] 기능을 통해 키워드를 포함하거나 제 외할 수 있습니다. 책에서는 '마스크' 키워드 포함, 타 브랜드나 연예인 키워드는 제외 해서 조회해 보겠습니다. 발견하지 못한 키워드가 조회되면 '월간검색수'를 확인하고, 네이버 쇼핑 검색 또는 키워드 사이트에서 상품 수를 체크하면 됩니다.

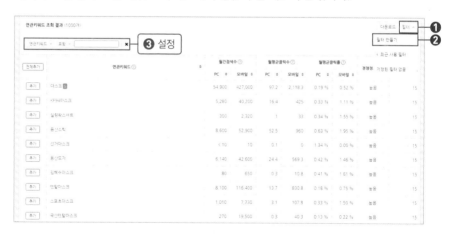

◢ 네이버에서 검색하는 고객 심리 파악하기

키워드도 육하원칙으로 생각하기

키워드 사이트를 활용해 키워드를 찾는 것은 매우 편리하고 정확하지만 단점도 있습니다. 그렇게 찾은 키워드는 나 말고도 많은 셀러들이 사용한다는 점입니다.

실제로 많은 셀러가 키워드 분석 사이트를 이용하기 때문에, 지금은 특정 키워드가 경쟁률이 낮다고 해도 금세 또 치열해질 수 있습니다. 제 강의에서 알려 준 키워드도 몇 달 만에 상품 수가 급격히 늘어난 적이 많습니다.

그렇다면 남들이 알기 전 독자님이 먼저 선점할 수 있는 키워드는 어떤 게 있을까요?

앞으로는 상품을 보고 어떤 상황에서 누가, 왜 검색하는지 파악한 후 키워드를 직접 만들어 보는 것을 추천합니다.

> ① WHO(누가): 주 구매층의 성별, 연령대, 직업이 어떻게 되는가?
> ② WHEN(언제): 어떤 시즌이나 상황에 사용하는가?
> ③ WHERE(어디서): 사용 환경이 어떻게 되는가?
> ④ WHAT(무엇을): 기능, 색상, 감성 등 무엇을 필요로 하는가?
> ⑤ HOW(어떻게): 어떻게 사용 및 검색하는가?
> ⑥ WHY(왜): 왜 우리 상품에 관심을 가질까?

위 기준이 아니더라도 상황에 맞춰 세부 키워드를 스스로 만들어 보는 습관을 기르는 것이 좋습니다.

위 상황을 2~3개 정도 조합해서 세부 키워드를 만든다고 이해하면 됩니다. 이 경우 검색 수는 낮아도 구매 확률이 매우 높습니다.

예를 들어 '오버핏 사이즈'의 티셔츠를 판매한다면 어깨가 좁은 남성을 대상으로 키워드를 활용해 볼 수 있겠죠. 여기에 연령까지 붙인다고 가정해 보겠습니다. 다음은 예시로 만들어 본 키워드입니다.

- 30대 어깨 넓어 보이는 티셔츠
- 20대 키작녀 원피스
- 60대 할머니 내복

이렇게 세부적으로 검색하는 고객의 비율은 낮습니다. 그러나 반대로 생각하면 **연령과 상황까지 함께 검색해 보는 이유가 무엇일까요? 오프라인이나 평소 즐겨 찾는 온라인쇼핑몰에서 상품을 찾지 못했기 때문은 아닐까요?**

세부 키워드를 잘 잡으면 검색 수가 적어도 구매 비율이 확연히 높아집니다. 따라서 위탁 판매하는 경우에도 쇼핑연관이나 셀러 사이트에 국한된 키워드를 고르기보다는 **'내가 고객이라면 네이버에 어떻게 검색할까?'**라고 스스로에게 물어보는 게 좋습니다. 시간이 지나면 스스로도 키워드를 만들어 보는 거죠. 지금 당장의 판매는 많이 끌어오지 못하더라도 장기적인 브랜딩이나 판매를 고려할 때 굉장히 좋은 방법입니다.

02

5초 안에 유혹하는 이미지 만들기

1 최저가 vs 내 상품, 구매를 일으키는 대표 이미지

최저가 vs 내 상품 무엇을 클릭할까?

도매 사이트 상품과 판매 키워드를 결정했다면 **대표 이미지를 정하는 것이 중요합니다**. 여기 대표 이미지가 동일한 두 개의 상품이 있습니다. 둘 중 무엇을 클릭하시겠습니까?

▲ A상품: 9,900원 vs B상품: 15,900원

이미지가 같다면 당연히 최저가 상품을 클릭해 구매하겠죠? 위탁 상품이라면 동일한 제품을 판매하는 셀러를 발견할 수 있습니다. 같은 이미지를 사용하고, 가격은 더 낮은 경우도 있겠죠.

따라서 차별화 없이 도매 사이트의 메인 이미지를 그대로 활용하면 똑같은 상품을 판매하는 최저가 셀러에게 밀리게 됩니다. **대표 이미지는 아주 짧은 시간 동안 고객이 내 상품을 클릭할지 말지 결정하는 중요 요소입니다.** 도매처에서 제공하는 대표 이미지를 똑같이 등록하면 **차별화되지 않을뿐더러 최저가 경쟁에서 이기지 못합니다.**

5초 안에 구매를 일으키는 대표 이미지

그렇다면 어떤 도매 상품을 찾아야 할까요? 그리고 대표 이미지는 어떻게 변경하면 좋을까요? **상위 경쟁사를 다섯 군데 비교하여 차별화되는 이미지를 선정**해 봅시다.

우선 판매하고 싶은 도매 상품을 몇 가지 선정하고 **상위 경쟁사 상품의 대표 이미지와 비교**해 보세요. 더 나아가 경쟁사 제품의 **가격, 상세 페이지, 기능** 등을 분석해 봅니다. 핵심은 **경쟁사 제품 대비 훨씬 가치 있어 보이는 도매 상품을 선정해서 대표 이미지를 잡아 보는** 겁니다. 추가로 경쟁사와 다른 상품임을 인지할 수 있게 도매처의 상세 이미지 중 **가장 차별화된 이미지를 정사이즈로 잘라서 활용**합니다.

상위 상품의 대표 이미지를 보고 **부족한 점을 보완하거나 좀 더 눈에 띄게** 만들어 보세요. 예를 들어 '어린이 마스크'를 판매하고 싶은데 경쟁사가 아래와 같은 이미지를 활용했다고 가정하겠습니다.

- 1위 상품: 어린이 한 명이 마스크 착용
- 2위 상품: 5가지 색상의 마스크 나열
- 3위 상품: 남녀 어린이 마스크 착용

그렇다면 우리는 경쟁사보다 더 많은 개수의 마스크를 나열하거나, 어린이 착용샷 대신 마스크 기능을 강조한 사진을 사용할 수도 있겠죠. 틈새 시장을 노린다고 생각하면 좋습니다.

이미지에 문구를 넣어 눈에 띄게 만드는 것도 좋은 방법입니다. 내 상품의 최대 강점을 요약해 이미지에 넣는 겁니다.
단, 네이버에서는 **광고나 마케팅 시 텍스트가 들어간 이미지를 제한**하고 있습니다. 그러나 아직 상품 대표 이미지로는 크게 제한하지 않으니 추후 광고를 진행할 때 텍스트가 없는 이미지로 변경하면 됩니다. 대신 **문구는 8자 이내로 너무 길지 않게** 넣도록 합니다. 텍스트 제한이 걱정된다면 처음에 상품을 등록할 때는 일반 이미지로 업로드하고, 추후 노출 여부를 보고 텍스트가 들어간 이미지로 변경해도 좋습니다.

어떤 이미지를 넣어야 하는지는 알겠는데 편집할 줄 모른다고요? 이제 프로그램을 활용해 대표 이미지를 변경하는 방법을 알아보겠습니다.

② 똥손도 이미지 만들 수 있는 무료 프로그램

디자인에 익숙하지 않은 분들은 이미지 작업에 상당한 우려를 표하곤 합니다. 눈에 띄는 대표 이미지를 등록하고 싶은데 과연 자신이 만들 수 있을지 걱정되는 거죠. 확실히 말씀드릴 수 있습니다. **똥손도, 디자인 경험이 전무해도 대표 이미지 작업은 가능합니다.**

가장 먼저 이미지의 비율 및 사이즈를 조절하는 작업이 필요합니다. 네이버에서 권장하는 대표 이미지 규격은 1000×1000px입니다. 정사이즈 이미지는 최소 640×640px이어야 하며, 해상도가 이보다 낮으면 이미지가 잘 보이지 않습니다. 이미지 가산점도 부여받지 못하겠죠.

포토샵 없이도 사용 가능한 무료 이미지 편집 프로그램이 많습니다. 간단하게 이미지를 제작할 수 있는 대표적인 방법 세 가지를 소개하겠습니다.

❶ 디자인을 전혀 못 한다면? 포토스케이프!

'포토스케이프'라는 프로그램으로 간단히 **정사이즈로 이미지를 자르거나 문구를 추가**할 수 있습니다.

포토스케이프로 대표 이미지 만들기

01 네이버나 구글에서 '포토스케이프 X'를 검색한 후 웹사이트에 접속합니다. 메인 화면의 [Download]를 클릭해 컴퓨터 사양에 맞게 다운로드하세요.

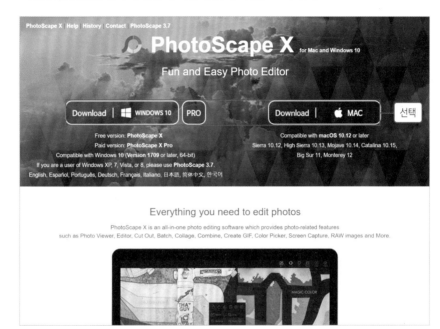

02 설치를 마쳤으면 포토스케이프를 실행합니다. 상단 메뉴의 [사진 편집]을 클릭하고, 편집하려는 이미지를 드래그하여 창에 끌어다 놓습니다. 좌측 '폴더' 탐색기에서 이미지를 불러와도 됩니다.

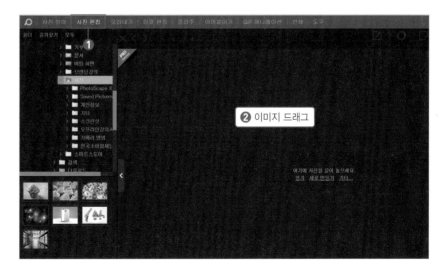

PART 3

03 우측의 [자르기]를 클릭합니다.

04 이미지를 원하는 사이즈로 자를 수 있습니다. 정사이즈로 자르기 위해 [1×1]을 선택하고 이미지에 마우스를 갖다 대면 + 표시가 노출됩니다. 마우스로 드래그하여 이미지 사이즈를 조절하고 자를 수 있습니다. [자르기]를 클릭하여 작업을 마무리합니다.

05 이미지에 간단한 문구를 넣어 보겠습니다. [사진 편집]을 클릭하고 우측 상단의 [삽입]을 선택해 주세요.

06 [텍스트]를 클릭해 문구를 입력하고, '외곽선'과 '외부 광선' 기능을 적용한 예시입니다. 폰트 색상, 크기뿐 아니라 테두리 같은 효과 기능을 자유롭게 구현할 수 있습니다.

👆 TIP

• 문구 입력은 선택 사항이니 우선 정사이즈 이미지까지만 만들고, 시간 여유가 된다면 필터나 이어붙이기, GIF 애니메이션 실습까지 해 보기를 추천합니다.

• 텍스트 입력 시 반드시 상업적으로 무료 이용 가능한 폰트를 사용해야 합니다 (네이버, 배민, G마켓 폰트 등).

PART 3

❷ 다양한 무료 템플릿 사용! 미리캔버스

미리캔버스는 무료로 이미지를 편집하고 다운로드할 수 있는 템플릿 사이트입니다. 상세 이미지나 광고 템플릿을 만들 때 주로 사용하지만 여기서도 대표 이미지를 만들 수 있습니다.

🐾 무작정 따라하기 | ## 미리캔버스로 대표 이미지 꾸미기

01 미리캔버스(www.miricanvas.com)에 접속해 회원가입 후 [바로 시작하기]를 클릭합니다.

02 좌측 [업로드] 메뉴에 접속한 후 다시 [업로드]를 클릭하면 '열기' 창이 나타나며 이미지를 불러올 수 있습니다.

03 이미지를 정사이즈로 만들기 위해 화면 크기를 조정해 보겠습니다. 화면 좌측 상단의 '1080px×1080px'이라고 적힌 부분을 클릭하고, [직접 입력]을 선택하여 각각 '1000'을 입력한 후 [적용하기]를 클릭합니다.

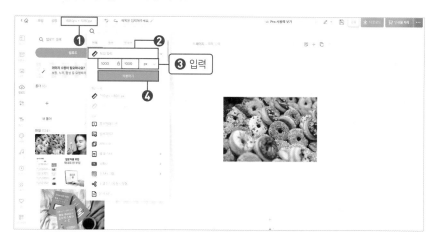

04 이미지를 클릭한 후 모서리의 원형 점을 드래그하면 이미지 크기를 자유롭게 조정할 수 있습니다.

05 좌측 [텍스트] 메뉴에서 문구를 입력하고, 여러 가지 효과를 적용할 수 있습니다.

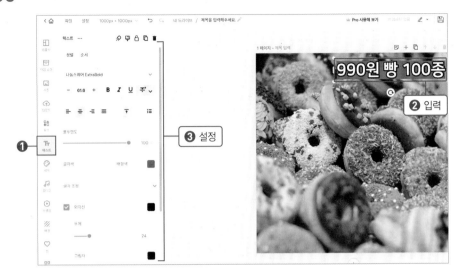

💬 **잠깐만요** **미리캔버스 활용해 이미지 디자인하기**

미리캔버스의 장점은 다양한 템플릿을 활용해 이미지를 쉽게 제작할 수 있다는 점입니다. 미리 만들어져 있는 템플릿에 이미지와 텍스트만 바꾸면 되기 때문에 완성도 높은 결과물을 얻을 수 있습니다. 광고나 유튜브, SNS 카드뉴스, 이벤트 이미지 등을 디자인할 때 유용합니다.

아래는 미리캔버스로 만든 광고 이미지 예시입니다. 첫 번째 이미지는 미리캔버스에서 제공하는 템플릿을 활용해 내용만 바꿨고, 두 번째와 세 번째 이미지는 빈 화면에 직접 이미지를 업로드하여 제작한 것입니다.

이때 미리캔버스에서 제공하는 요소와 폰트는 미리캔버스 템플릿을 사용하는 경우에만 상업적으로 이용할 수 있다는 점에 유의합니다. 빈 화면에 제작한다면 반드시 상업적 이용이 가능한 폰트를 사용하세요.

❸ 누구에게나 친숙한 파워포인트

파워포인트는 대중에게 비교적 익숙한 프로그램이고, 대표 이미지나 상세 이미지를 자유롭게 구상하고 만들 수 있다는 장점이 있습니다. 쇼핑을 하면서 사진 - 글 - 사진 - 글로 되어 있는 상품 페이지를 본 적이 있을 겁니다. 흰 배경에 정직한 폰트로 작업되어 있죠. 그 작업도 파워포인트를 이용하면 충분히 할 수 있습니다. 책에서는 대표 이미지만 간단히 만들어 보겠습니다.

무작정 따라하기 ## 파워포인트로 다양하게 이미지 구성하기

01 파워포인트를 실행하고 [삽입]→[도형]을 클릭합니다. '직사각형'을 선택하고 Alt+Shift 를 누른 상태로 드래그해 정사각형을 하나 만듭니다.

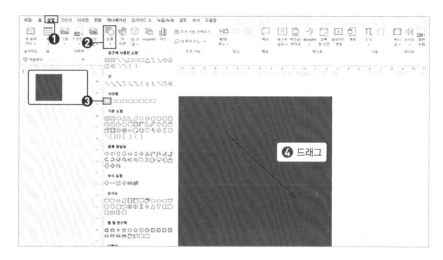

02 [도형 서식]→[도형 채우기]→[채우기 없음]을 클릭해 빈 상자로 만들어 주세요.

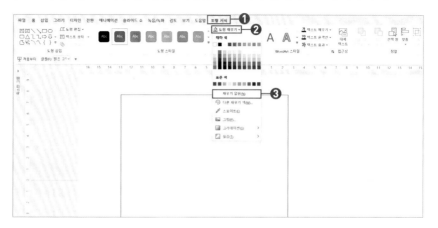

03 [삽입]→[그림]→[이 디바이스]를 클릭해 컴퓨터에 있는 이미지를 불러옵니다.

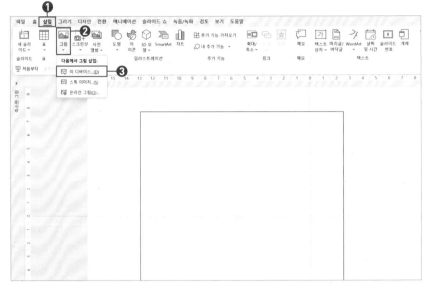

04 이미지를 상자에 맞춰 넣고, [삽입]→[텍스트 상자]→[가로 텍스트 상자 그리기]를 클릭해 글씨를 넣어 보세요.

잠깐만요 **여러 이미지를 한꺼번에 노출시키고 싶다면**

파워포인트는 오른쪽 이미지와 같이 여러 개의 상품을 노출시키고 싶을 때 활용하면 좋습니다.

책에서는 빨간 박스를 만들어 글씨를 눈에 띄게 넣어 봤습니다. 이 부분은 패키지 파트에서도 다룰 예정이니 지금은 가볍게 참고만 해 주세요.

03

나만의 방식으로
똑같은 상품 차별화하기

1 제조사의 최저가를 이긴 '패키지' 판매

30% 이상 마진 상품 묶어서 팔기

많은 셀러들이 위탁 상품 판매에 도전합니다. 가장 쉬운 판매 방식이므로 너도나도 시도하고, 종종 도매가보다 더 저렴한 가격으로 판매하는 경우도 있습니다.

이런 상황에서 어떻게 하면 나만의 경쟁력을 갖출 수 있을까요? 저는 **한 도매처의 여러 상품을 다양한 방법으로 묶어서 파는 '패키지' 방식**을 추천합니다.

저의 경우 **패키지 방식을 통해 위탁 상품을 세상에서 저만 판매하는 상품으로 만들었고, 사입과 맞먹는 30% 이상의 마진**을 챙길 수 있었습니다. 이후 제 초기 수강생분들은 물론 많은 셀러가 따라 하기도 했지만요.

상품마다 편차가 있기는 했지만, 패키지 형식으로 판매한 제품들은 **최소 3개월, 최대 2년간 검색 첫 페이지 상위에 노출되고 판매도 활발히** 이루어졌습니다. **하루에 20분 정도만 일하고도 직장인 월급만큼의 수익**을 얻을 수 있었죠.

하나의 상품을 예시로 들어 보겠습니다. 도매 사이트에서 판매하던 5천 원대의 평범한 '컬러링북'을 색연필, 다이어리, 엽서북, 필통 등의 **다양한 상품과 함께 묶었습니다.** 그런 다음 **새로운 키워드를 찾고, 평균 4만 원대에 판매**했습니다.

그렇게 판매하는 셀러가 없었으니 독보적으로 판매할 수 있었고, 각각의 상품에 마진을 더했기 때문에 단일 상품으로 판매할 때보다 효율적이었습니다. 같은 상품이지만

고가격, 고마진 전략이라는 발상의 전환으로 경쟁력을 갖춘 것이죠.

초기 운영 당시 패키지 도매처로 애용했던 업체에서 저처럼 운영하는 셀러는 처음 본다며, 스마트스토어를 운영해 줄 수 있냐는 제안을 해 왔습니다. 전혀 활성화되어 있지 않던 해당 스마트스토어는 문구 상품으로 '빅파워'를 달성했으며, **제조사와 동일한 제품을 판매하면서도 제조사를 뛰어넘어 판매 1위**를 달성할 수 있었습니다. 현재까지도 해당 상품은 잘 판매되고 있습니다.

이 성과는 모두 패키지 방식을 활용한 덕입니다. 남들도 똑같이 운영할 줄 알았는데 사람들이 생각보다 잘 모르고, 알아도 잘 실천하지 않는다는 것을 알게 되었습니다.

그동안 강의를 듣는 많은 수강생분에게 전파됐지만 아직 실행하는 분이 그렇게 많지는 않습니다. 그러니 독자님도 늦지 않았습니다. 책에서 간단히 소개할 테니 이 방식을 활용해 **남들처럼 최저가에 목숨 거는 셀러가 되지 않길 바랍니다.**

② 묶음배송 가능한 도매처 상품 판매

묶음배송이 가능한 도매처라면 단품으로만 등록하고 판매할 필요는 없습니다.
같은 도매 판매자의 다른 상품을 묶어 팔 수 있습니다.
만약 A 도매처의 상품이 맘에 든다면 A 업체의 다른 도매 상품도 살펴보세요. 묶음배송이 가능한지 궁금하다면 도매처에 직접 문의하거나, 장바구니에 상품들을 넣어서 배송비가 한 번만 부과되는지 보면 됩니다.
도매매 사이트의 경우 상품 배송정보에 '묶음배송 가능'이라고 표시되어 있습니다.

▲ 묶음배송 가능 여부 확인하기

묶음배송에도 다양한 방식이 있습니다. 제가 활용한 방법은 **다옵션(택 1 전략), 사은품, 묶음 판매 방식**입니다. 이 경우 모두 '**대표 이미지'를 통한 고객 유입을 최우선 순위**로 두었습니다. 대표 이미지가 매력적이지 않으면 아무도 우리 상품을 클릭하지 않기 때문입니다.

'다옵션'은 한 도매처의 같은 카테고리 상품을 옵션 선택권으로 두는 것입니다. **택 1 상품**이라고 보면 됩니다. 같은 카테고리의 제품을 5~10개 정도 함께 등록해, 고객이 원하는 색상이나 형태를 고를 수 있게 합니다.

예를 들어 흰색 마스크만 있는 상품을 고를 것이냐, 10개의 색상 옵션이 있는 상품을 구매할 것이냐의 차이입니다. 또한 옵션이 다양하면 한 제품을 구매할 때 '이것도 사 볼까?'라고 생각하게 만듭니다. 물건을 하나 사면서 배송비를 내는 것을 아까워하는 심리가 있기 때문에, 만 원 이하의 상품이라면 많은 고객이 이것저것 추가로 구매하곤 합니다.

필수 선택	∧
돌아기 마스크	
귀편한 KF94 마스크	
등산 마스크	
골프용 마스크	
운동용 마스크	
빅사이즈 마스크	
숨쉬기 편한 마스크	

💬 톡톡문의	♡ 찜하기	🛍 장바구니

▲ 택 1 옵션 상품 예시

'사은품' 전략은 같은 카테고리의 제품이나 시너지를 낼 수 있는 제품을 증정하는 것입니다. 내 돈 주고 사긴 아깝지만 있으면 좋은 상품, 고객이 가지고 있지 않을 듯한 상품을 선정합니다.

예를 들어, 주방 니트릴 장갑을 판매한다면 가스레인지 청소 브러시 같은 제품을 사은품으로 넣어 보는 거죠. 단순하게 '장갑이니까 주방 비닐을 주면 좋아하겠지'라고 생각할 수도 있지만, 대표 이미지를 클릭하게 하려면 보다 눈에 띄고, 혹할 만한 상품을 선정하는 게 좋습니다.

'묶음 판매'란 도매처가 판매하고 있는 몇 가지 상품을 모아서 함께 판매하는 방식입니다. 앞에서 언급한 '컬러링북' 패키지 판매와 동일합니다.

TIP

단, 캐릭터 상품은 저작권 문제가 없는 것으로 골라야 합니다.

예를 들어 어린이 마스크라면 연관 상품인 스트랩, 휴대용 손 소독제, 패치 등을 묶어서 판매하는 것이죠. 어린이니까 귀여운 동물이나 캐릭터 상품으로 구성하면 더 좋습니다.

이렇게 되면 같은 도매처 상품이어도 세상에서 오직 나만 판매하는 상품으로 만들 수 있습니다. 실제 이 방식을 그냥 따라만 해서 파워 셀러로 도약한 분도 있고, 자신만의 방식으로 응용해 한 개의 상품으로 빅파워 셀러가 된 분도 있습니다.

위탁 도매처 상품이라고 무시할 게 아니라 '어떻게 구성하면 잘 팔릴까?', '내가 고객이라면 어떤 상품을 주면 좋아할까?' 치열하게 고민해 보세요. 상품을 구상하느라 시간은 많이 소요되겠지만 남들이 쉽게 따라 하지 못하는 상품을 만들어 낼 수 있습니다.

이 전략을 잘 활용한다면 초기 등록 때는 남들보다 고생해도 효자 상품들이 생긴 후에는 송장 번호만 등록하며 상품을 판매할 수 있습니다. 짧으면 하루 10분, 길어 봤자 하루 1시간 이내의 시간을 투자해 수익을 얻을 수 있는 것이죠. 신규 상품을 추가로 등록하지 않아도 가능합니다.

PART 3

PART 4

초보자도
한 번에 습득하는
상품 등록 실전

네이버에서 상품 등록이
중요한 이유

▣ 이것만은 피하자! 네이버가 싫어하는 상품 유형

네이버는 쇼핑 플랫폼이기 이전에 검색 엔진이라는 점을 강조해 왔습니다. 검색 엔진이 가장 중요시하는 것 중 하나는 바로 **정보의 '정확성'과 '신뢰도'**입니다.
만약 '스콘 굽는 방법'이라고 검색했는데 뜬금없이 '서울 강남 맛집' 정보만 나온다면 다시는 해당 엔진을 이용하지 않겠죠. 상품도 마찬가지입니다.

첫 상품 등록 전 반드시 아래의 내용과 250쪽의 부록을 함께 확인해 주세요. 처음에는 방대한 양에 놀랄 수 있지만 두세 번 읽다 보면 피해야 할 부분을 금세 숙지할 수 있습니다. 우선, 피해야 하는 기준부터 알려 드리겠습니다.

❶ 형용사, 조사, 수식어가 남발된 제목

PART 3에서도 배웠듯이 제목에 괄호 외의 **특수문자나 중복 단어를 넣는 것은 피해 주세요.** 특히 네이버는 중복 단어를 싫어합니다. 따라서 타 쇼핑몰의 제목을 그대로 복사하거나, 자주 가는 전문몰의 제목을 참고하는 것도 좋지 않습니다. 전문몰은 상품 브랜딩을 위해 **새로운 닉네임을 만들어 내거나 눈에 띄게 하려고 특수문자나 이모지를 사용하는 경우가 많기 때문**입니다.

❷ 사이즈 및 해상도가 안 맞는 대표 이미지

네이버가 싫어하는 이미지가 있습니다. **사이즈 기준을 한참 벗어난 이미지, 상품이 비정상적으로 늘어지거나 깨져 보이는 이미지**입니다. 고객이 봤을 때도 당연히 구매 욕

부록 네이버 상품 검
색 SEO 가이드에 자
세히 기재되어 있습
니다.

구가 생기지 않겠죠? **스마트스토어 대표 이미지 기준은 1000×1000px의 정사이즈입**니다. 적어도 가로, 세로 640px 이상인 정사이즈 이미지를 만들어 주세요.

글자가 과하게 들어가거나 상품이 잘린 이미지, 사진발로 느껴질 만큼 지나친 보정이나 그래픽 작업이 들어간 이미지도 피하는 것이 좋습니다.

❸ 상품 속성 미기재

네이버는 상품 등록 시 **'상품 상세 정보'를 디테일하게 기입할 수 있도록 많은 기능과 항목을 제공**합니다. 상품 상세 정보를 기재하지 않아서 발생하는 문제에 대한 책임은 오롯이 셀러에게 있습니다. 상품 속성을 꼼꼼하게 등록하면 향후 상품 관련 발생할 수 있는 문제를 사전에 차단할 수도 있습니다.

상품 속성을 대충 등록하는 셀러들이 생각보다 많습니다. 그렇기에 속성을 꼼꼼하게 기재하면 좀 더 상위에 노출될 수 있고, 구매 비율을 높일 수도 있습니다. 어떤 고객들은 상품 속성을 전부 읽어 본 후 구매하기 때문입니다. 앞으로 제목과 이미지에만 집중할 것이 아니라, 상품 속성도 반드시 점검해 주세요.

② 대량 등록 vs 수동 등록

위탁 판매를 배우려고 정보를 찾다 보면 '대량 등록'이라는 단어를 심심치 않게 만나게 됩니다. 위탁 상품을 판매하는 셀러는 크게 두 유형으로 나뉩니다.

- 대량 등록 셀러: 프로그램을 활용해 도매처의 상품을 동시다발로 등록하는 셀러
- 수동 등록 셀러: 도매처의 상품을 스마트스토어에 수동으로 등록하는 셀러

'대량 등록'은 프로그램을 활용해 수십 개에서 수천 개에 이르는 도매처의 상품을 한 번에 등록하는 것을 말합니다. **시간이 크게 소요되지 않고, 클릭 몇 번이면 상품 등록이 끝나기 때문에 매우 간편**하다는 장점이 있습니다. 단점은 '하나만 얻어걸려라'가 되는 경우가 많습니다. 특히 전략 없이 무분별하게 상품을 등록하면 **품절 관리가 되지 않습니다.** 또한, 네이버의 기준에 맞추고 싶다면 상품 속성 정보는 스마트스토어센터에서 수동으로 확인하고 수정하는 작업이 필요합니다.

'수동 등록'은 도매 상품의 이미지만 별도 저장하여 스마트스토어 판매자센터에서 직접 상품을 등록하는 것을 의미합니다. 장점은 네이버 기준에 맞게 꼼꼼한 상품 등록이 가능하기 때문에 상위 노출을 노릴 수 있다는 것입니다. 도매처 상품이라 해도 전략적으로 원하는 상품만 골라 나만의 상품을 만드는 것이 가능합니다. 하지만 노출이나 판

매가 잘될지 확신할 수 없는 상태에서 시간이 많이 소요된다는 단점이 있습니다.

저의 경우 위탁 상품은 수동으로 등록했습니다. 수십 개의 상품 모두 전략을 써서 판매했고요. 그러나 시간이 많이 소요된다는 단점 때문에 최근 수강생분들에게는 대량 등록과 수동 등록을 적절히 조합해서 상품을 등록할 것을 권장하고 있습니다.

대량 등록을 해 보고 싶다면 많은 상품을 대량으로 등록하지 마시고, 괜찮은 상품 몇십 개만 선별해서 등록해 보세요. 도매매 같은 대형 도매 사이트에서는 자체 개발한 '상품 등록기'를 활용할 수 있습니다. 단, 상품 등록기로는 꼼꼼한 등록이 불가능하므로 쇼핑몰 연동 프로그램을 사용하는 것도 추천합니다.

쇼핑몰 연동 프로그램을 제공하는 사이트 중 '플레이 오토'를 추천합니다. 연동 솔루션을 시작한 지 15년 정도 되었고, 많은 기업이 애용하는 곳입니다. 그만큼 상품 전송 오류가 적으며 스마트스토어 및 오픈마켓에 디테일한 상품 등록이 가능합니다.
회원가입 시 제휴처 코드에 '금랜'을 입력하면 한 달 무료 체험이 가능하니 참고해 주세요.

다음 장에서는 네이버에서 수동으로 직접 등록할 때 유용한 상품 등록 노하우를 알려 드리겠습니다.

네이버가 사랑하는
상품 등록 실전

❶ 판매가 설정! 도매가에 마진 더하는 TIP

판매가는 도매가의 20% 이상으로 설정할 것

상품 등록 전 판매가를 정하는 일은 매우 중요합니다. 브랜드 제품이라면 시장 가격과 경쟁사 상품을 분석하고, 마케팅으로 녹일 수 있는 가격 또한 필수로 설정해야 합니다. 그러나 위탁 상품은 **도매 가격이 정해져 있고, 다른 셀러들도 판매하고 있기 때문에 도매가에 20% 정도 마진을 붙여 판매가를 책정**하면 적당합니다. 물론 네이버 수수료도 포함된 가격입니다(예상 수수료 0~5%).

상품 등록이나 마케팅에 집중하기보다는 마진 계산기 사용이나 판매가 측정에 골머리 앓는 셀러를 많이 봤습니다. 그러나 위탁 상품은 가격 설정보다 상품 전략 구상 및 상품 등록이 더 중요합니다. 이전에도 언급했듯 판매가 될지 말지 모르는 상태에서 오래 고민하는 것은 시간적으로나 체력적으로나 좋은 전략이 아니기 때문이죠.

우선은 수수료, 배송비 따지지 말고, 최소 20% 마진을 잡는다고 간단하게 이해해 주세요. 정산받은 후 가격을 조금 조정해도 됩니다.

최저가 상품에 목매지 않을 것

스마트스토어를 운영하다 보면 같은 상품인데 특정 셀러가 도매가보다 낮게 판매하는 경우를 종종 보게 될 겁니다. 이에 동요되어 가격을 더 낮게 수정하거나 상품 등록을 포기할 필요는 없습니다. 최저가를 보고 흔들리기 시작하면 판매 마진이 남지 않을뿐더러, 상품을 최저가로 올린다 해도 곧 더 낮은 가격의 상품이 등장할 수도 있습니다.

중요한 것은 **상품이 어떻게 보이는지, 구매 욕구를 끌어내고 있는지 분석**하는 것입니다.

💬 **TIP**

스마트스토어의 경우 빈번한 가격 수정은 판매 품질에 좋지 않은 영향을 끼칩니다. 그러나 가격 범위를 해치지 않는 선에서 어쩌다 한두 번 수정하는 것은 괜찮습니다.

간혹 동일한 이미지에 같은 상품인데도 다른 제품보다 가격이 낮으면 꺼림칙해서 구매하지 않는다고 말하는 경우도 있습니다. 물론 극히 드문 케이스이긴 하지만 가격을 낮추는 것만이 능사가 아니라는 점을 알아야 합니다.

최저가 셀러가 찾지 못한 키워드, 차별화되는 대표 이미지를 등록하고 나만의 상품 구성을 생각해 낸다면 판매가에만 목맬 필요가 전혀 없습니다. 모든 제품에 고민을 쏟기가 어렵다면 적어도 대표 이미지만이라도 변경해 보세요. 치열한 판매가 싸움에서 벗어날 수 있습니다.

② 상품 등록 첫걸음! 상품명, 가격 설정 노하우

자, 판매가를 설정했다면 바로 상품 등록 화면을 보며 함께 실습해 보겠습니다. 책을 보면서 바로 상품을 등록해도 좋고, 테스트 상품 하나만 가져와서 실습해도 좋습니다. 우선 카테고리, 상품명, 판매가, 옵션 등록하는 방법을 배워 보겠습니다. 초보자라면 옵션 등록이 헷갈릴 수 있으니 실제로 테스트해 보면서 익혀 주세요.

> 무작정 따라하기   **상품명, 판매 할인, 옵션 등록하기**

01   스마트스토어 판매자센터 좌측 메뉴바에서 [상품관리]→[상품 등록]을 클릭합니다.

02 상품 등록 화면에서 '카테고리'를 선택하고 '상품명'을 등록합니다.

- 카테고리: 상품명 키워드와 반드시 일치
- 상품명: 형용사, 조사, 특수문자, 중복 단어, 이벤트 혜택 문구 금지

TIP

PART 3에서 미리 만든 제목을 상품명에 넣어 주면 됩니다. 아직 제목을 정하지 못했다면 113쪽과 부록 '상품 제목 가이드'를 참고해 제목을 만들어 주세요.

03 '판매가' 영역에 판매가를 넣기 전 '할인'을 [설정함]으로 체크하세요. 할인을 설정하면 할인가로 노출되는 항목이 실제 판매가가 됩니다.

- 판매가: 최종 판매가의 20% 정도 올려서 넣기
- 할인가: 최종 판매가로, 마진 최소 20% 계산

TIP

할인을 설정하는 이유는 크게 두 가지입니다. 고객에게 할인 비율이 노출되고, 상품 등록 가산점이 붙기 때문입니다. '할인가'가 최종 판매가니 수수료도 해당 가격에서 차감됩니다.

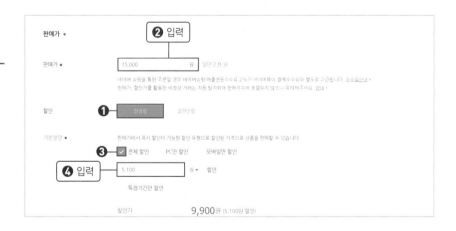

04 '재고수량'은 넉넉하게 임의로 잡아 주세요.

05 옵션 상품이 있다면 설정해 주세요. 가장 많이 헷갈려하는 '조합형' 옵션을 예시로 알려 드리겠습니다. 예시로 '직접 입력하기', '조합형' 형태로 추가해 봤습니다. 옵션 항목을 다 채웠다면 [옵션목록으로 적용]을 클릭해 주세요.

✅ 옵션 구성타입
- 단독형: 단순 색상이나 사이즈 설정, 가격 변동 없을 때 선택
- 조합형: 옵션별 가격, 수량 정보가 다를 때 선택

✅ 옵션입력
- 옵션명: 옵션 상품명이 아닌 옵션 박스에 노출되는 제목 (예 필수 선택, 색상 선택)
- 옵션값: 실제 옵션 상품명 등록 (예 레드 원피스, 블루 원피스)

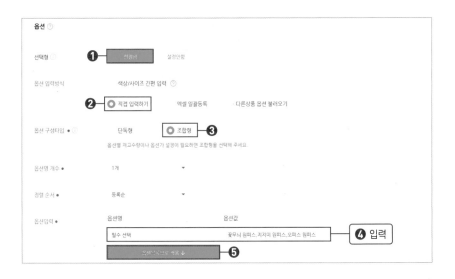

06 옵션목록을 적용하면 '판매상태'가 '품절'인 것을 볼 수 있습니다. 품절을 해제하기 위해 상품을 선택하고 우측 상단에 재고 수량을 기입한 후, [선택목록 일괄수정]을 클릭합니다.

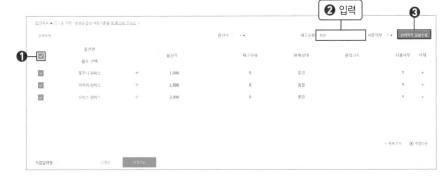

07 상품에 맞게 옵션가를 입력합니다.

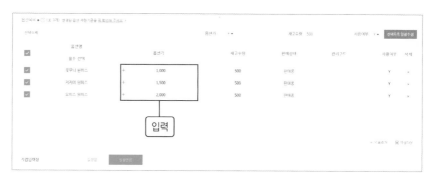

 TIP

옵션가는 해당 상품의 판매가가 아닌, 상단에서 설정한 판매가에 추가되는 가격을 입력합니다.

💬 **잠깐만요** **옵션 관련 변경 내용**

옵션가를 설정하거나 옵션명 및 옵션값을 입력할 때는 변경된 제한 기준을 준수하도록 합니다.

[옵션가 추가금액 제한]

판매가	변경 전	변경 후
2,000원 미만	0 ~ +10,000원	0 ~ +100%
2,000원 ~ 10,000원 미만	-50% ~ +10,000원	-50% ~ +100%
10,000원 이상	-50% ~ +100%	-50% ~ +50%

*일부 카테고리 제외, 하단안내 참조
*옵션가는 판매가 기준으로 % 적용되며, 할인가 기준이 아님

[옵션 글자수 제한]

옵션종류	항목	변경 전	변경 후
선택형 (단독형,조합형)	옵션명	25자	변경없음
	옵션값	100자	25자
직접입력형	옵션명	25자	변경없음

*한글/영문/숫자 글자수 제한 동일

③ 내 상품의 얼굴, 대표 이미지 등록

다음으로 대표 이미지를 등록해 보겠습니다. 이미지는 128쪽에서 배운 대로 만들어 줍니다. 우선 테스트 삼아 상품을 등록해 보고 싶다면 이미지를 정방형으로만 수정해서 등록해 보세요. 131쪽처럼 포토스케이프를 이용하면 됩니다.

무작정 따라하기 **대표 이미지 및 추가 이미지 등록하기**

01 '대표이미지' 영역의 [+]를 클릭합니다.

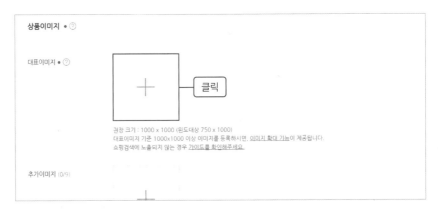

02 '내 사진 불러오기' 창이 나타나면 [내 사진]을 클릭해 PC에 저장된 이미지를 업로드합니다.

03 '추가이미지'도 [+]를 클릭해 같은 방법으로 업로드해 주세요.

🖐 TIP

추가 이미지의 경우 글자가 들어가거나 이미지 사이즈가 조금 안 맞아도 괜찮습니다. 상세 페이지에서 적당히 캡처한 이미지를 업로드해도 됩니다. 최소 5장 이상 등록하는 것을 권장합니다.

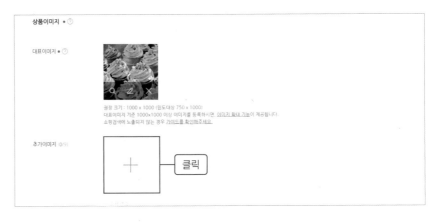

04 동영상이 있다면 추가해 주세요. 1분 이내의 동영상을 업로드하면 네이버가 자동으로 GIF 이미지를 생성해 줍니다.

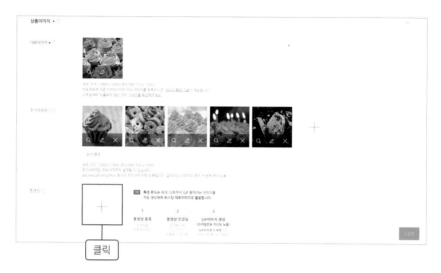

4 상세 페이지 에디터 기능 똑똑하게 활용하기

네이버 스마트 에디터를 활용해 상세 페이지를 업로드해 보겠습니다.
'스마트 에디터'는 블로그 에디터 기능과 비슷하므로 블로그를 운영해 본 적 있다면 훨씬 더 쉽게 다룰 수 있습니다. 블로그 경험이 없고, 디자인에 자신이 없더라도 충분히 따라 할 수 있으니 걱정 마세요. 도매처의 상세 페이지 이미지만 사전에 준비해 주세요.

무작정 따라하기 **상세 페이지 등록하기**

01 '상세설명' 항목에서 [Smart Editor ONE으로 작성]을 클릭해 주세요.

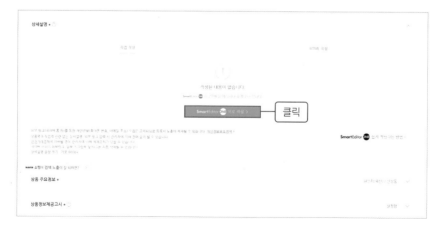

02 [사진]을 클릭해서 도매처의 상세 페이지 이미지를 업로드합니다.

03 상단 메뉴의 [인용구]를 클릭하면 문구나 제목에 포인트를 줄 수 있습니다. 에디터 본문 좌측의 [+] 버튼을 누르고 '인용구'를 선택해도 됩니다. 여기에서는 '따옴표' 인용구를 적용해 제목을 작성했습니다.

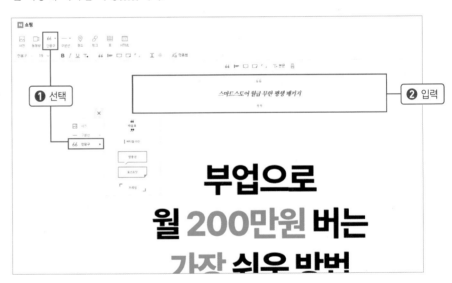

04 [구분선] 기능을 선택하면 다양한 스타일의 구분선을 추가할 수 있습니다. 문단과 문단 사이를 자연스럽게 나누고 싶을 때, 각각의 옵션 상품을 구분할 때, 특정 문구를 강조하고 싶을 때 활용하면 좋습니다.

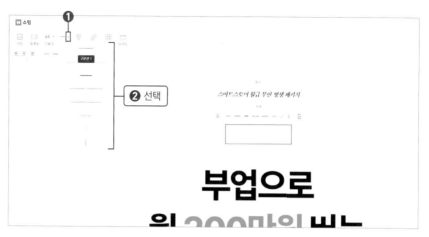

05 그 외에도 폰트 크기, 색상, 진하기, 밑줄 등을 설정할 수 있습니다. 상품의 특징을 설명하는 문구를 입력하고 적절하게 꾸며 보세요. 여기서는 인용구를 추가한 후 폰트 크기 및 색상을 변경했습니다.

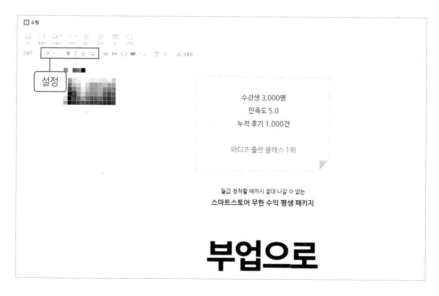

06 에디터 기능을 적용하는 것이 번거롭거나 어렵다면 네이버가 제공하는 '템플릿'을 활용해도 좋습니다. 우측 상단의 [템플릿]→[추천템플릿]을 클릭하면 네이버가 제공하는 템플릿을 선택하여 상세 페이지를 꾸밀 수 있습니다.

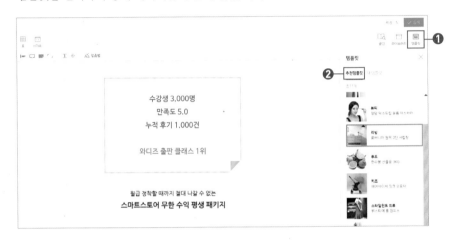

07 템플릿 중 '애완' 템플릿을 적용한 예시입니다. 이미 적용된 문구 스타일과 아이콘을 자유롭게 활용하되, 내용을 내 상품에 맞게 수정해 보세요. 상세 페이지를 간단하게 완성할 수 있습니다.

08 상세 페이지 작업이 끝나면 우측 상단의 [등록]을 클릭해 주세요. 상세 페이지가 저장 되며 다시 상품 등록 화면으로 이동합니다.

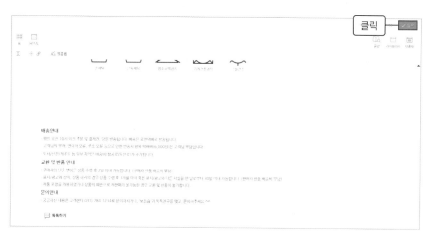

TIP

상세 페이지 작업이 마무리되지 않았다면 [템플릿]→[내 템플 릿]→[+현재 글 추가] 를 클릭하거나, 우측 상단 [저장]을 클릭해 작업 내용을 저장해 보세요. 작업물을 저 장하고 이후에 다시 불러올 수 있습니다.

5 가산점 UP! 상품 정보 디테일하게 작성하기

상위 노출 가산점의 꽃이라고 할 수 있는 '상품 정보'를 작성할 차례입니다. 많은 셀러 가 번거롭다는 이유로 상품 속성을 대충 등록하고 넘어가곤 합니다. 그러나 놓치면 안 되는 영역이므로 우리는 꼼꼼하게 등록해 보겠습니다.

무작정 따라하기 **상품 정보 입력하기**

01 '상품 주요정보' 항목에서 모델명, 브랜드를 먼저 작성해 주세요.

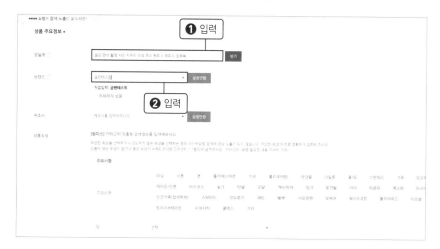

02 '제조사'는 도매 상품의 제조사를 확인하여 입력합니다. 아래는 도매매의 상품 화면으로, 보통 상품 정보 상단에 제조사가 기재되어 있습니다.

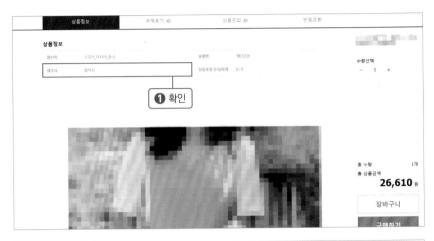

03 '상품속성'도 해당되는 상품에 맞게 최대한 상세히 채워 주세요.

04 도매 상품 상세 페이지 내에 '인증 정보'가 기재된 상품은 반드시 인증 정보를 기입해야 합니다. 원산지도 과정 **02**처럼 '도매 상품 정보'에서 확인한 후 입력합니다.

<img_1>

입력

TIP

PART 2에서 배웠던 것처럼 전기 제품, 식품, 화장품, 유아 용품 등은 필수로 인증서를 등록해야 합니다. 해당 상품을 등록해야 하는데 인증서가 없다면, 도매처에 별도로 문의해서 정보를 받아야 합니다.

05 '상품정보제공고시'를 등록할 차례입니다. '상품군'을 선택하면 나머지 항목들이 활성화됩니다. 도매 상품은 보통 상세 페이지 이미지에 해당 정보들이 기재되어 있습니다. 우선 '상품상세 참조로 전체 입력'에 체크하고, 상세 페이지에 나와 있지 않은 부분만 직접 기입해 주세요.

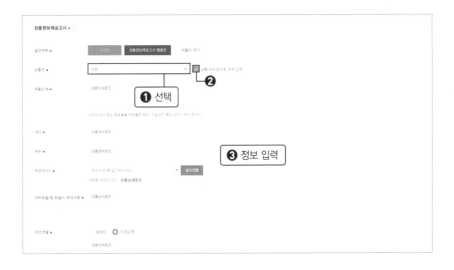

① 선택

②

③ 정보 입력

6 배송 및 반품, AS 특이사항 입력하기

상품 정보 기입을 마쳤다면 배송 정보를 등록할 차례입니다. 판매를 시작하기 전에는 배송 및 반품 처리 걱정이 들기 마련입니다. 주소지는 어디로 등록해야 하는지, 모든 정보를 잘 등록했는지도 헷갈리고요. 배송 및 반품 방법은 다음 파트에서 배울 예정이니 이번에는 정보 등록에만 유의해서 진행해 주세요.

무작정 따라하기 | **배송 정보 등록하기**

01 배송 정보 등록을 위해 '도매 상품 배송 정보'를 확인해 주세요. 도매매 사이트의 경우 가격 하단에서 배송 정보를 확인할 수 있습니다. 기본 및 추가 배송비를 확인하고 메모해 둡니다.

02 상품 등록 페이지에서 '배송' 영역을 작성해 보겠습니다. 택배사를 지정하고 '묶음배송'은 [불가]로 체크해 주세요.

TIP

'묶음배송'을 [가능]으로 선택하면 스토어의 다른 상품과 함께 구매할 때 배송비가 한 번만 책정됩니다. 우리가 등록할 상품은 여러 도매처에서 각각 발송하는 것이므로 반드시 [불가]로 설정해 주세요.

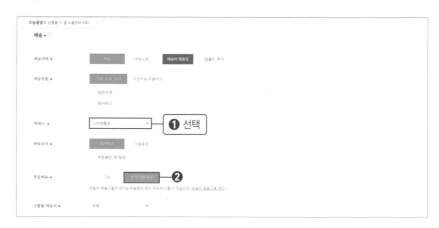

162

03 도매처의 배송 정보를 토대로 '기본 배송비', '제주/도서산간 추가배송비'를 기입하고, 마지막 '출고지' 항목에서 [판매자 주소록]을 클릭합니다.

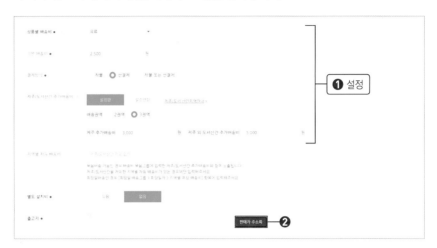

04 판매자 주소록에서 [신규등록]을 클릭합니다.

05 주소록 등록 화면이 나타나면 실제 도매 상품 판매처와 주소를 기입합니다. '설정'을 [일반주소로 지정]으로 선택하고 [저장]을 클릭한 후, 주소록 목록 화면으로 돌아오면 해당 주소지를 선택합니다.

🖐 TIP

도매 상품 출고지는 상세 페이지 상단 또는 하단에 표시되어 있습니다.

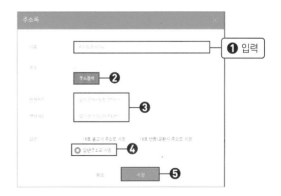

06 '반품/교환' 정보도 마찬가지입니다. 도매처에서 안내한 반품 비용과 주소를 먼저 확인해 주세요. 도매매의 경우 [반품교환] 탭에서 확인 가능합니다.

TIP

도매매 상품의 경우 일반적으로 상품 반품·교환지와 출고지가 동일하니 출고지를 찾지 못한 경우 반품·교환지 주소와 동일하게 등록하면 됩니다.

07 '반품/교환' 항목에 도매처 반품 교환 정보를 똑같이 입력하면 됩니다.

08 'A/S, 특이사항'을 입력해 주세요.

TIP

'A/S전화번호'는 고객에게 노출되는 번호이므로 개인 휴대전화 번호 외의 별도번호를 기재하는 것이 좋습니다. 66쪽에서 안내한 통신사 듀얼넘버 서비스를 추천합니다.

7 구매 혜택 및 검색 태그 확인하기

구매 혜택 및 검색 태그 입력은 상품 등록의 필수 과정은 아닙니다. 그러나 이 항목을 잘 입력하면 상품 노출 가산점을 얻을 수 있고, 마케팅적 관점에서도 플러스 요소가 됩니다.

무작정 따라하기 **구매 혜택 및 검색 태그 설정하기**

01 '구매/혜택 조건'을 설정해 상품 마진에 부담되지 않는 선에서 고객에게 혜택을 제공할 수 있습니다. '포인트' 항목에서 [상품 구매 시 지급] 또는 [상품리뷰 작성시 지급]을 선택하면 됩니다. 제공하는 포인트는 정산 시 내 정산금에서 차감됩니다.

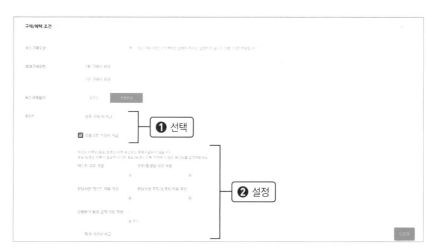

🖐 TIP

고객이 리뷰 작성 후 포인트 지급을 권장합니다. 초기 리뷰를 쌓는 데 도움될 뿐만 아니라, 고객이 '구매 확정'을 해야 리뷰를 작성할 수 있기 때문에 빠른 정산이 가능합니다.

02 '검색설정' 영역에서는 제목 외 키워드에 대해 '검색 태그'를 적용할 수 있습니다. 태그는 최대한 9개 모두 넣어 주세요. 추천 태그를 넣어도 좋고, 제목에 미처 사용하지 못한 키워드를 넣어도 괜찮습니다.

03 하단으로 내려와 [쇼핑 상품정보 검색품질 체크]를 클릭해 주세요.

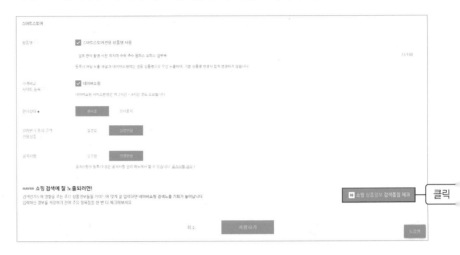

클릭

04 '점검필요' 영역에 - 표시가 보인다면 정상적으로 잘 등록된 것입니다. [확인]을 클릭해 주세요.

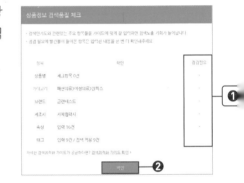

05 상품이 올바르게 등록됐는지 다시 한번 확인하고, 이상이 없다면 [저장하기]를 클릭해 주세요. 이로써 상품 등록이 끝났습니다.

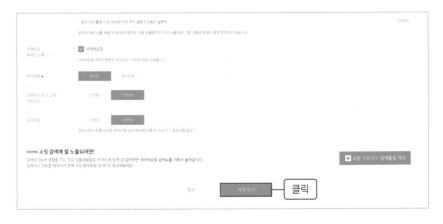

클릭

06 등록한 상품은 [상품관리]→[상품 조회/수정]에서 확인 가능합니다. 수정 사항이 생기면 '상품목록'에서 [수정]을 클릭해 진행하면 됩니다.

TIP

상품 번호를 클릭하면 상품 링크로 바로 연결됩니다.

PART 4

PART **5**

한 번 배우면 평생 남는
스마트스토어 운영 노하우

01

이거 모르면 CS 폭주?
5분컷 주문 처리

1 주문 발주 및 배송 처리하기

주문이 들어왔다면 발주확인

실시간 문자 알림으로 상품 주문이 들어왔다면 무엇을 먼저 해야 할까요? 도매처에서 고객 상품 주문하기? 아닙니다. 가장 먼저 '발주확인'을 해야 합니다.

'발주확인'은 발송 처리 전 주문을 확인하는 절차입니다. 셀러가 발주확인을 하면 고객 주문 상태에 '배송 준비중' 메시지가 노출됩니다. 발주확인을 하지 않은 상태로 도매처에 상품을 주문하면 고객 변심으로 주문 취소 시 자동으로 취소되기 때문에 상황이 복잡해질 수 있습니다.

발주확인을 했다면 고객이 주문 취소 시 '자동 결제 취소'가 아닌 '주문 취소 요청'으로 셀러에게 인입되며 셀러가 수락해야 주문 취소가 완료됩니다.

지금부터 주문 처리 방법을 실습해 보겠습니다.

01 스마트스토어센터에 접속하면 메인 화면의 '신규주문' 항목에서 주문을 확인할 수 있습니다. 초록색으로 표시된 주문 건수를 클릭합니다.

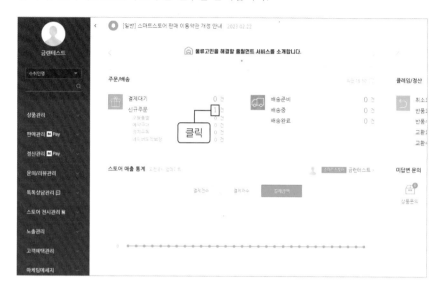

TIP

신규주문 건수는 발주확인 전 신규로 유입된 주문 건수를 의미합니다. PART 2에서 '실시간 주문 알림' 설정을 했다면 매번 스마트스토어 센터에 접속할 필요 없이 문자로 신규주문 알림을 받을 수 있고, 해당 알림을 클릭해서 접속하면 됩니다.

02 주문 내역을 확인할 수 있습니다. 검토할 주문의 체크박스를 선택하고, [발주확인]을 클릭합니다.

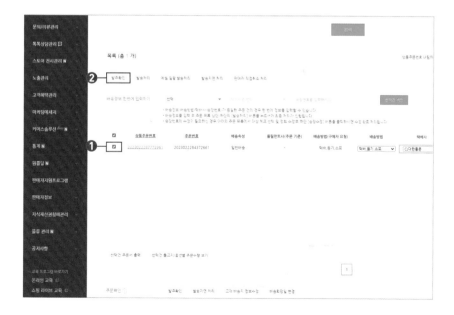

03 '상품 준비중 안내 팝업'이 노출됩니다. [확인]을 클릭합니다.

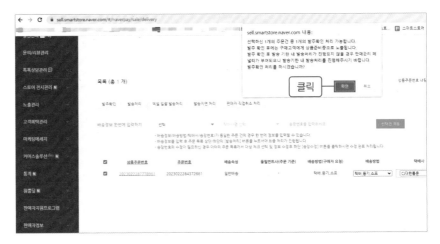

04 주문 내역은 '신규주문' 페이지 내 '발주확인 완료' 건수를 클릭해 확인할 수 있습니다. 또는 스마트스토어센터 메인화면의 '배송준비'에서도 확인 가능합니다.

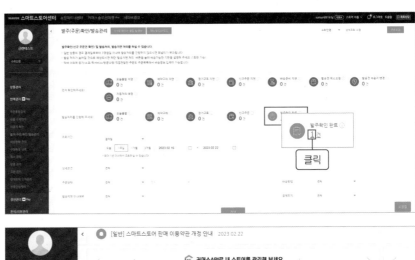

05 '발주확인 완료' 또는 '배송준비' 건수를 클릭하여 주문 내역을 확인하고, '상품주문번호'를 클릭하면 고객 정보를 확인할 수 있습니다. 주문 건수가 많다면 우측 상단의 [엑셀다운] 기능을 이용해 보세요.

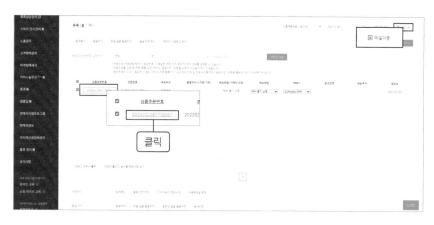

06 수취인 주소지를 확인하고 도매 사이트로 이동해 고객 주소지로 상품을 주문하면 됩니다. 도매처에서 상품을 발송했다면 택배사와 송장 번호를 확인할 수 있는데, 해당 정보를 스마트스토어에 입력한 후 [발송처리]를 클릭하면 배송 절차가 완료됩니다.

2 교환 및 반품 간단하게 처리하기

위탁 판매의 경우 자동 수거 예외 신청

스마트스토어에서는 고객이 상품 교환 및 반품을 신청했을 때 지연으로 인한 페널티나 CS가 발생하지 않도록 자체적으로 상품 자동 수거를 진행하고 있습니다. 하지만 이경우 **네이버 지정 택배사를 통해 교환·반품이 진행되기 때문에 사전에 '자동 수거 예외'를 신청하는 것이 좋습니다.**

'1:1 문의하기' 또는 '톡톡 상담'을 통해 '자동 수거 예외'를 신청할 수 있습니다. 책에서는 '1:1 문의하기'를 이용하는 방법을 알려 드리겠습니다.

무작정 따라하기 | **자동 수거 지시 예외 신청하기**

01 스마트스토어센터 하단에서 [고객센터]를 클릭합니다.

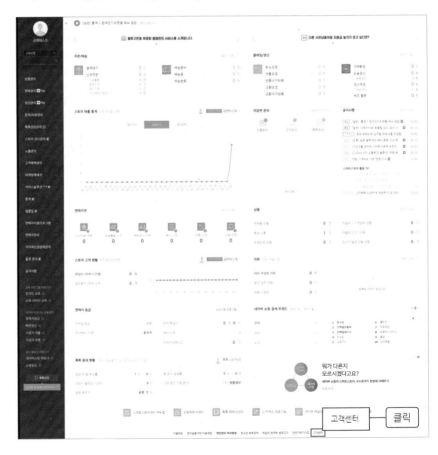

02 좌측 하단의 [1:1 문의하기]를 클릭합니다.

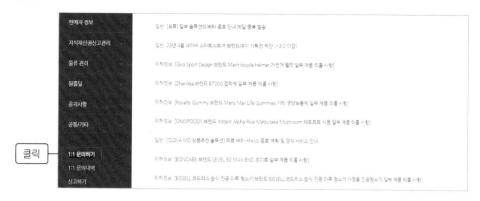

03 아래 내용을 참고하여 문의를 등록해 보세요. 신청 후 영업일 기준 1일이면 처리가 완료됩니다.

- 상담분류: 판매관리 - 반품관리
- 제목: 자동 수거 지시 예외 신청의 건
- 내용: 현재 운영 중인 스토어는 위탁 판매를 진행하고 있어 '자동 수거 지시 예외' 처리가 필요합니다.

고객 정보 확인 후 도매처에 교환 및 반품 요청

자동 수거 예외 처리를 했다면 스마트스토어에서 교환 및 반품 처리는 간단하게 진행할 수 있습니다. 사유가 '단순 변심'일 경우 도매처에 바로 요청하면 되지만, '상품 불량'이라면 고객에게 사진을 요청해 도매처에 확인한 후 접수를 진행하는 것이 바람직합니다.

책에서는 가장 많이 인입되는 '단순 변심'으로 인한 반품 및 교환 처리 방법을 배워 보겠습니다.

| **반품 및 교환 처리하기**

01 고객으로부터 반품이나 교환 요청이 들어오면 스마트스토어센터 메인의 '반품요청' 또는 '교환요청'에 건수가 표기됩니다. '반품요청' 건수를 클릭하여 반품부터 진행해 보겠습니다.

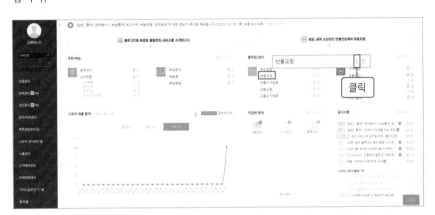

TIP

실시간 문자 알림 설정이나 판매자센터 앱 설치 시 교환 및 반품 알림 메시지를 받을 수 있습니다.

02 '반품요청' 페이지에서 상품주문번호를 클릭하면 반품 상품, 고객 정보, 반품 사유 등을 확인할 수 있습니다. 해당 정보를 기준으로 도매처에 반품을 요청합니다.

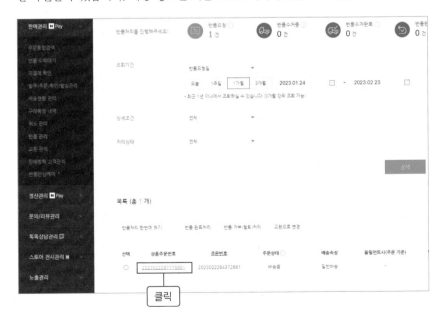

TIP

도매매처럼 사이트가 있는 도매처라면 보통 '마이페이지' 내에서 반품 신청이 가능합니다. 쇼핑몰에서 반품 요청하듯이 진행하면 됩니다.

03 도매처가 상품을 받고 '반품 완료 처리'를 했다면 스마트스토어센터 메인에서 '반품요청' 건수 또는 좌측 메뉴의 [판매관리]→[반품 관리]를 클릭하여 해당 상품을 선택하고 [반품 완료처리]를 눌러 주세요. 이제 반품 처리가 끝났습니다.

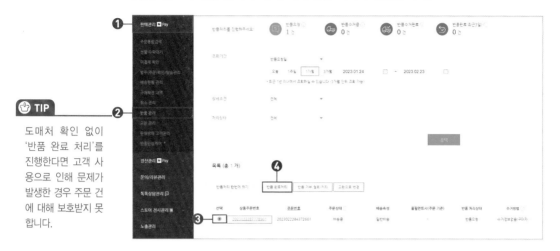

TIP

도매처 확인 없이 '반품 완료 처리'를 진행한다면 고객 사용으로 인해 문제가 발생한 경우 주문 건에 대해 보호받지 못합니다.

04 교환 처리도 마찬가지입니다. 고객이 교환 요청을 했다면 스마트스토어센터 메인 '교환요청' 건수 또는 [판매관리]→ [교환 관리] 메뉴를 클릭하여 처리 가능합니다.

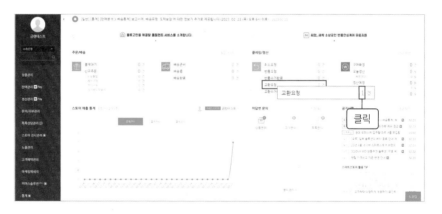

05 교환 처리는 반품과 달리 '교환 상품 재배송'을 위한 수거 정보를 필수로 입력해야 합니다. 도매처에 교환 신청 후, 택배사에서 수거를 완료했다면 그 정보를 확인합니다. 그런 다음 교환 관리 페이지 하단 [수거 완료처리]를 클릭하고 도매처에서 제공한 수거 택배사와 송장 번호를 입력하면 됩니다.

06 도매처에서 수거한 상품을 확인하여 이상이 없다면 교환 재배송 처리를 진행합니다. [교환 재배송처리]를 클릭해서 창이 나타나면 재배송된 상품의 택배사와 송장 번호를 입력하고 [재배송 처리]를 클릭합니다.

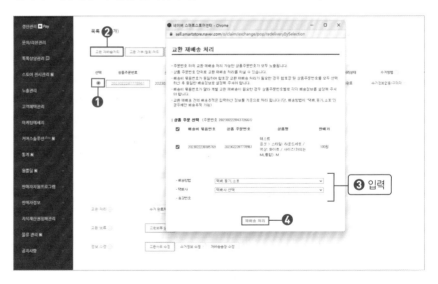

3 1분 답변 끝! 답변 템플릿 등록하기

자주 하는 질문은 답변 템플릿으로 해결

네이버 쇼핑에서 가장 많이 인입되는 문의는 어떤 것일까요? 교환? 반품? 아닙니다. 바로 '배송 문의'입니다. 고객의 입장일 때 어떤 문의를 가장 많이 했는지 생각해 보면 답이 나옵니다. **배송 문의에는 배송 지연 시 배송 일정 문의, 구매 전 도착 예정일 문의, 배송지 변경 문의 등**이 있습니다.

자주 들어오는 문의에 대한 **답변 템플릿을 미리 만들어 놓으면 CS가 매우 간편해집니다.** 네이버 톡톡과 상품 문의 답변 게시판에서 '답변 템플릿' 등록이 가능합니다.

무작정 따라하기 **답변 템플릿 등록하기**

01 스마트스토어센터에서 [문의/리뷰 관리]→[고객문의 관리]에 들어갑니다.

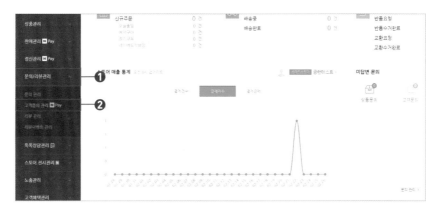

02 우측 하단의 [템플릿 관리]를 클릭해 주세요.

PART 5

03 '문의 템플릿 관리' 팝업이 노출됩니다. 하단의 '문의 템플릿 등록'에서 유형별로 답변 템플릿을 등록할 수 있습니다.

04 문의 유형별로 제목, 내용을 작성하고 [등록]을 클릭합니다.

TIP

스토어를 운영해 보며 자주 받는 문의를 살펴보고 등록해도 괜찮습니다.

05 문의를 등록한 후 '문의 템플릿 관리' 팝업 상단에서 [보기]를 클릭하면 이미지와 같이 등록한 내용을 확인할 수 있습니다.

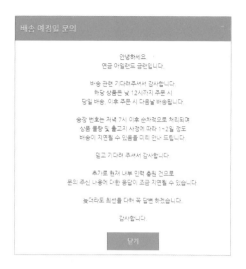

06 팝업을 닫고, '고객문의 관리' 화면으로 돌아옵니다. 고객 문의가 인입되면 해당 화면에 나타나며 우측 '판매자 답변 처리'에서 '문의유형'을 선택해 등록해 둔 답변을 불러올 수 있습니다.

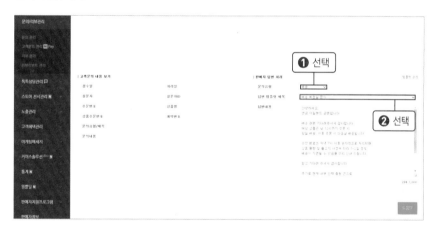

02

포토샵 NO! 브랜드몰처럼 스마트스토어 꾸미기

① 초간단! 스토어 로고 만들기

평생 써먹을 수 있는 스토어 로고

스마트스토어에서도 전문몰처럼 스토어 대표 이미지, 메인 배너, 카테고리를 특색 있게 만들 수 있습니다. 요즘은 **무료 템플릿을 이용할 수 있는 이미지 디자인 사이트가 많기 때문에 포토샵을 하지 못해도 얼마든지 스토어를 꾸밀 수 있습니다.**

이번에는 스토어 대표 이미지를 꾸며 보겠습니다.
스토어 대표 이미지는 **스토어 방문 시 가장 상단에 노출되는 프로필 이미지입니다.**
이미지를 등록하지 않으면 아래와 같이 공백으로 표시되며 다소 허전한 느낌을 줍니다. 필수는 아니지만 로고를 만들어 등록해 두면 스토어가 훨씬 전문적으로 보입니다.

▲ PC로 스마트스토어에 방문했을 때

스토어 대표 이미지에 넣을 로고를 함께 만들고 등록해 보겠습니다.
대표 이미지 규격은 최소 160×160px로 권장 사이즈는 가로, 세로 1300px 이상이지만
작게 들어가는 이미지이므로 300px 이상만 되어도 괜찮습니다.

로고는 **미리캔버스 또는 파워포인트**로
만들 수 있습니다. **상업적 사용이 가능한
무료 폰트를 활용**해 깔끔하게 제작해 보
세요.

스마트폰으로 '로고 메이커'나 '로고 만들
기'를 검색해서 관련 앱을 설치하면 무료
로 로고를 만들 수도 있습니다. 단, 무료
앱의 경우 완성 이미지에 워터마크가 표
시되는 경우가 많으니 우리는 워터마크
없이 만들 수 있는 미리캔버스를 활용해
실습해 보겠습니다.

▲ 다양한 무료 로고 제작 앱

01 미리캔버스에 접속해 로그인하고, [바로 시작하기]를 클릭합니다.

02 검색창에서 '로고'를 검색하거나 템플릿 선택창에서 [로고/프로필]을 선택합니다.

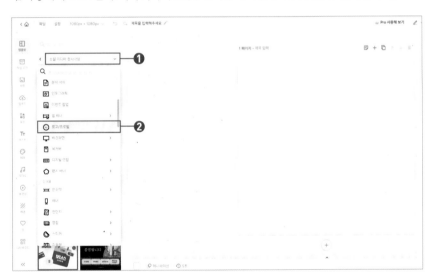

03 다양한 로고 템플릿 중에서 마음에 드는 디자인을 선택해 주세요.

선택

TIP

이미지 좌측 상단에
왕관 표시가 있는 템
플릿은 유료 계정만
사용할 수 있습니다.

04 각각의 요소를 선택해 지우거나 수정할 수 있습니다. 텍스트를 클릭하면 내용을 수정
하고 폰트 스타일을 변경할 수 있습니다.

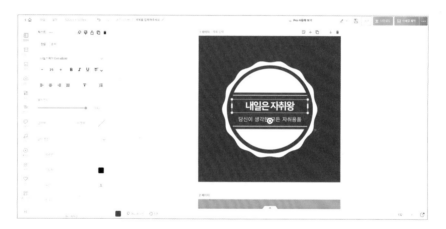

PART 5

05 화면 좌측 메뉴에서 '요소'를 선택하여 원하는 아이콘을 배치할 수도 있습니다. '생활
용품'으로 검색하여 나오는 요소와 텍스트를 넣어 로고를 만들어 보겠습니다.

> 🖐 **TIP**

로고에 스토어명을 넣는다면 폰트 크기를 최대한 크게 작업하는 것이 좋습니다. 예시에서는 로고를 다양
하게 만들 수 있다는 것을 보여 주기 위해 요소와 텍스트를 조합했지만, 로고 이미지는 워낙 작게 노출되
기 때문에 글자와 요소 중 한 가지만 넣는 것을 권장하는 편입니다.

06 화면 우측 상단의 [다운로드]를 클릭해 파일 형식을 JPG 또는 PNG로 선택하고, [고해
상도 다운로드]를 클릭합니다. 완성된 로고가 다운로드됩니다.

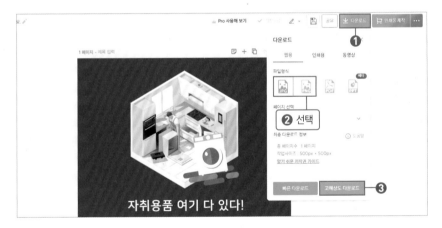

07 완성된 로고를 업로드할 차례입니다. 스마트스토어센터 좌측 메뉴에서 [스토어 전시 관리]→[스토어 관리]에 접속하세요. '스토어 대표 이미지' 옆의 [+]를 클릭합니다.

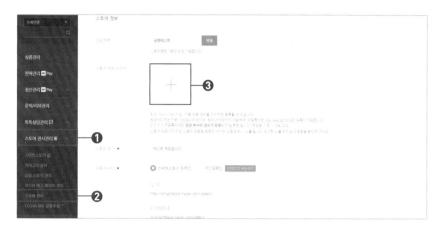

08 '내 사진 불러오기' 창이 나타나면 [내 사진]을 클릭해 PC에 저장한 이미지를 불러옵니다.

09 업로드했다면 '스토어 대표 이미지' 영역에 '검수중'이라는 문구가 노출됩니다. 하단의 [저장]을 클릭해 로고 등록을 마칩니다.

TIP

네이버 검수가 끝나면 프로필 이미지가 변경되며, 검수는 영업일 기준 최대 1일 정도 소요됩니다.

PART 5

2 무료로 프로모션 메인 배너 만들기

전문몰로 변신 가능한 프로모션 이미지

🖐 TIP

• 신규 고객 구매율
은 스마트스토어센
터의 [통계]→[재구매
통계]에서 확인할 수
있습니다.
• 알림받기와 마케팅
메시지 발송 기능은
214, 233쪽에서 배울
예정입니다.

네이버 쇼핑은 고객이 검색 기반으로 쇼핑하기 때문에 음식, 의류 같은 특정 카테고리
나 브랜드가 아닌 이상 한 스토어에서 꾸준히 여러 가지 상품을 구매하는 경우는 드뭅
니다. 예를 들어 **생활용품은 신규 고객 구매율이 90% 이상을 차지**합니다. 그렇기 때문
에 스토어 꾸미기보다 상품 등록에 좀 더 집중하는 것이 좋습니다.

그럼에도 재구매율을 끌어올리려면 **고객이 스토어 메인에 들어왔을 때 우리 스토어를
매력적으로 느끼고 상품을 둘러보게 만드는 것이 중요**합니다.

우리 상품을 발견한 고객이 스토어 메인에 들어왔는데 상품이 몇 개 없고, 그럴듯해 보
이는 부분이 전혀 없다면 어떨까요? 바로 나갈 겁니다. 그러나 우리 스토어가 마음에
든다면 '알림받기'를 설정할지도 모릅니다. 알림을 설정한 고객에게는 무료로 마케팅
메시지를 보낼 수 있기 때문에 단골 고객 확보에 효과적입니다.

스토어 메인에 들어왔을 때 가장 눈에 띄는 요소는 무엇일까요? 한번 생각해 보세요.
많은 분들이 '스토어 메인 이미지'라고 생각했을 겁니다. 또는 가장 처음 눈에 보이는
상품이 될 수도 있겠죠?

이번에는 '스토어 메인 이미지'를 만들어 볼 차례입니다.
스마트스토어에서는 **'프로모션 이미지'**라고 부르며 해당 이미지 역시 **미리캔버스에서
무료로 만들 수 있습니다.** 지금부터 함께 만들어 보겠습니다.

01 미리캔버스 사이트에 접속해 로그인하고, [바로 시작하기]를 클릭합니다.

02 '프로모션 이미지'는 모바일과 PC에서 요구되는 사이즈가 다릅니다. 모바일 이미지부터 만들어 보겠습니다. 사이즈 조정을 위해 화면 좌측 상단의 '1000px×1000px'이라고 적힌 부분을 클릭하고 [직접 입력]을 선택하여 '750×600px'이라고 입력한 후 [적용하기]를 클릭합니다.

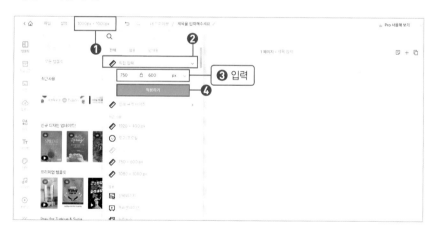

✅ **프로모션 이미지 기준**
- 사이즈: 모바일 750×600px, PC 1920×400px
- 용량: 최대 2,000KB
- 파일 형식: jpg, jpeg, png

03 이전에 작업한 로고 디자인을 불러와도 좋지만 우리는 새로 작업해 보겠습니다. PC 이미지와 사이즈를 최대한 맞추기 위해 [템플릿]→[웹 배너] 중 가로 사이즈가 긴 [가로형]을 선택할게요.

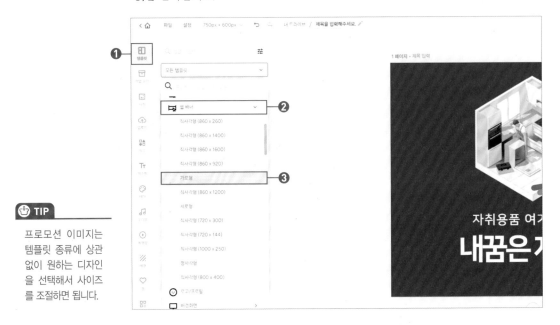

TIP

프로모션 이미지는 템플릿 종류에 상관 없이 원하는 디자인을 선택해서 사이즈를 조절하면 됩니다.

04 여러 가지 템플릿 중 원하는 디자인을 선택합니다. 우측 상단에 '디자인 적용 방식 선택' 창이 나타나면 [맞추기]를 선택하세요. 모바일 사이즈에 맞게 템플릿이 적용됩니다.

05 텍스트를 선택하면 문구를 수정하고 폰트 스타일을 변경할 수 있습니다. 스토어명을 입력하거나 눈에 띄는 문구를 넣어 보세요.

Ctrl을 누른 상태로 원하는 텍스트나 요소 영역을 여러 개 선택한 후, Ctrl+G를 눌러 보세요. 선택한 요소들을 그룹화할 수 있습니다. 여러 요소를 한 번에 이동하거나 크기를 조정할 수 있어 편리합니다.

06 좌측 메뉴에서 [요소]를 클릭하면 원하는 아이콘을 검색하여 추가할 수 있습니다.

07 문구를 두 줄로 나누고 폰트 크기를 키웠습니다. 이제 배경 색상도 변경해 보겠습니다. 글씨나 아이콘 요소가 아닌 배경을 클릭한 후 좌측의 [테마] 메뉴를 클릭합니다. 원하는 배경 색상을 선택할 수 있습니다.

TIP

배경 색뿐만 아니라 폰트 색상도 테마에 맞게 수정되므로 디자인 감각이 없어도 적절한 색 조합을 적용할 수 있습니다.

08 [다운로드]를 클릭해 파일 형식을 JPG 또는 PNG로 선택하고, [고해상도 다운로드]를 클릭하면 프로모션 이미지가 완성됩니다.

TIP

프로모션 이미지는 롤링 형태(여러 장의 이미지가 자동으로 넘어가는 형태)로 등록할 수 있습니다. 일반적으로 브랜드들은 신규 이벤트나 상품을 소개하는 롤링 배너를 주기적으로 만들어 등록합니다.

09 PC용 이미지도 바로 만들어 보겠습니다. 다시 좌측 상단의 사이즈 부분을 클릭하고, [직접 입력]을 선택하여 '1920×400px'이라고 입력한 후 [적용하기]를 누릅니다.

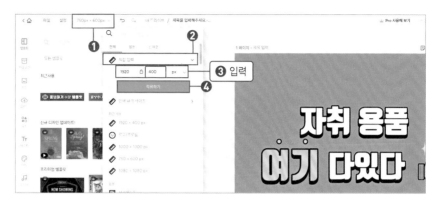

10 팝업창에서 [맞추기]를 선택하고, 배너에 맞게 글자 크기를 키우거나 줄여 줍니다.

👍 TIP

PC 이미지는 좌우 여백이 필요합니다. 문구가 들어간다면 좌우 합쳐서 600px 정도의 여유를 두고 제작해 주세요.

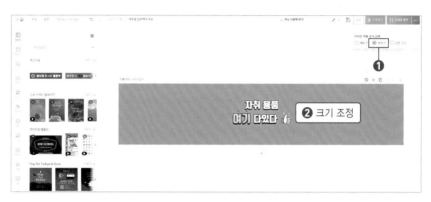

11 가로 사이즈가 긴 PC 이미지의 특성상 문구를 나누지 않고, 한 줄로 배치했습니다. 과정 **08**과 같은 방법으로 다운로드를 진행해 주세요.

01 업로드를 위해 스마트스토어센터로 돌아와 [스토어 전시관리]→[스마트스토어]를 클릭합니다.

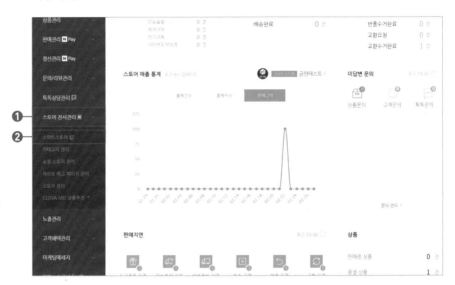

02 '스마트스토어 관리' 화면이 나타나면 상단 중앙의 📱, 🖥 아이콘을 클릭해 기기별 화면에 맞게 작업할 수 있습니다. 우선 📱 아이콘을 클릭해 주세요.

03 [컴포넌트 관리]→[프로모션 이미지]→[제목을 입력하세요]를 누른 후, '모바일 이미지' 영역에서 [이미지를 등록해주세요]를 클릭합니다.

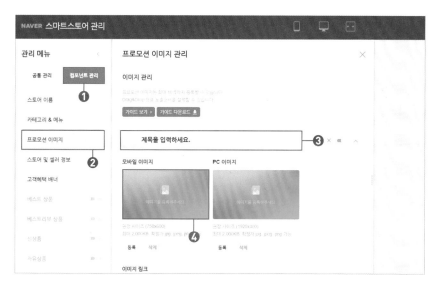

04 이미지 편집창에서 [이미지찾기]를 클릭합니다.

05 미리 만든 이미지를 업로드하고, 이상이 없다면 [적용하기]를 클릭해 주세요.

06 우측 미리보기 화면에서 모바일 이미지가 규격에 맞는지 확인합니다. PC 이미지 역시 'PC 이미지' 영역의 [이미지를 등록해주세요]를 클릭하여 같은 방법으로 업로드해 주세요.

07 상단 중앙의  아이콘을 클릭해 PC 화면에서 잘 보이는지도 확인해 보세요. 이상이 없다면 화면 우측 상단의 [전체 적용하기]를 클릭해 업로드를 마무리합니다.

③ 브랜드처럼 특색 있는 카테고리 만들기

추가 주문을 유도하는 상품 카테고리 설정

스토어를 예쁘게 감성적으로 꾸밀 필요는 없습니다. **그보다 중요한 것은 고객이 필요한 상품이 적시 적소에 보이는 배치**입니다. 로고와 프로모션 이미지가 독자님의 스토어를 전문몰처럼 보이게 만든다면, **개성 있는 상품 카테고리 설정으로 고객 유입과 추가 주문을 유도할 수 있습니다.**

스마트스토어에서도 전문몰처럼 **상품 카테고리명을 자유롭게 바꾸고 순서를 조정하여 새로운 카테고리 형태로 변신시킬 수 있습니다.** 그런데 의외로 많은 셀러가 이 부분을 간과합니다. 파워 셀러가 되면 느끼겠지만 단골을 0.1%라도 늘리는 것은 매우 중요합니다.

10개 이상의 상품을 등록하고 나면 반드시 카테고리를 개성 있게 만들어 보세요. 지금부터 스토어를 꾸미고 상품 카테고리를 설정하는 방법을 배워 보겠습니다.

PART 5

01 스마트스토어센터의 [스토어 전시관리]→[스마트스토어]를 클릭합니다.

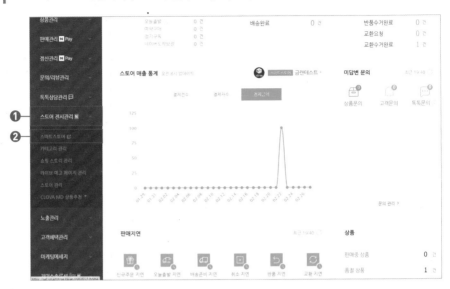

02 '스마트스토어 관리' 화면이 나타나면 '관리 메뉴'의 [공통 관리]에서 컬러 테마를 바꿔보세요. 컬러 테마는 스토어의 배경 색상을 의미합니다. 여기서는 오렌지 컬러로 설정해 보았습니다.

03 [컴포넌트 관리]를 클릭하면 보이는 좌측 메뉴의 '베스트 상품'부터 '스토리형 상품'까지가 상품 카테고리 영역입니다. 아직 리뷰나 기획전 형태의 상품이 없기 때문에 '베스트 상품', '자유상품', '자유배너', '전체상품'만 활성화해 주세요.

TIP

등록한 상품이 10개 이상이고, 판매와 리뷰가 적당히 쌓였다면 '베스트리뷰 상품', '신상품' 카테고리 역시 활성화하는 것이 좋습니다.

04 [자유상품]을 클릭합니다. 스토어의 주력 상품 또는 마케팅적으로 함께 소개할 만한 상품들을 상단에 노출해 홍보할 수 있습니다. 제목을 작성하고, '디자인 유형'을 [리스트형]으로 선택합니다.

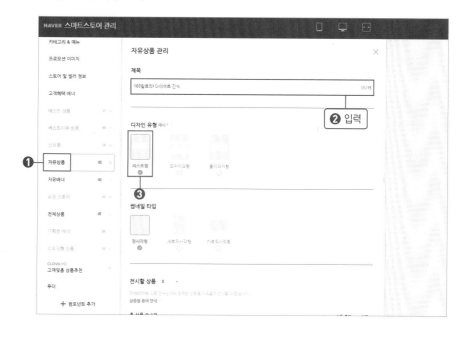

05 [상품 추가]를 클릭해 전시할 상품을 추가해 주세요. 우측 미리보기 화면에 상품이 등록된 것을 확인할 수 있습니다.

👆 **TIP**

상품 개수가 많다면 디자인 유형을 '모자이크형'으로 등록을 추천합니다. 상품을 훨씬 부각시킬 수 있습니다.

06 다음으로 좌측 메뉴에서 [자유배너]를 선택해 주세요. 상품 카테고리 사이에 배너를 노출해 상품을 눈에 띄게 할 수 있습니다. 아래의 기기별 이미지 사이즈를 참고해 만들어 주세요.

- 모바일: 750×240px
- PC: 1280×200px

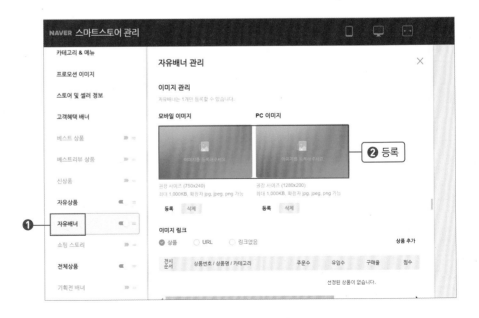

07 적용 예시입니다. 프로모션 이미지처럼 요소를 넣어 눈에 띄게 만들어도 좋고, 특정 상품을 홍보하고 싶다면 하단에서 [상품 추가]를 클릭해 상품을 등록하고 해당 상품 배너를 만들어도 됩니다.

08 카테고리의 순서도 조정할 수 있습니다. 원하는 카테고리를 선택한 후 위아래로 드래그하면 됩니다. 여기서는 자유배너가 가장 위로 오게 바꾸었습니다. 마지막으로 우측 상단 [전체 적용하기]를 클릭해 카테고리 설정을 마칩니다.

PART 5

03

스마트스토어
똑똑하게 활용하기

1 공지사항 등록하기

상품 최상단에 노출되는 공지 등록하기

고객이 꼭 알아야 할 내용이 있다면 **전체 상품의 상세 페이지 상단에 노출되도록 공지를 등록할 수 있습니다.** 상단에 **필수 공지를 등록하는 것만으로도 고객에게 중요 메시지를 전달**할 수 있습니다.

많은 셀러들이 배송 관련 공지사항을 문구나 템플릿 형태로 등록합니다. 위탁 셀러의 경우 **출고지 또는 톡톡 문의 관련 문구**를 추가해 놓는 것이 바람직합니다. 단, **너무 많은 정보를 담지 않도록 주의**해 주세요. 스크롤을 내려야 할 만큼 공지가 길면 오히려 공지를 읽지 않고 지나갈 확률이 높아지며 심지어 스토어에서 이탈하는 고객도 많아집니다.

01 스마트스토어센터 좌측 메뉴에서 [상품관리]→[공지사항 관리]를 클릭합니다.

02 [새 상품 공지사항 등록]을 클릭해 주세요.

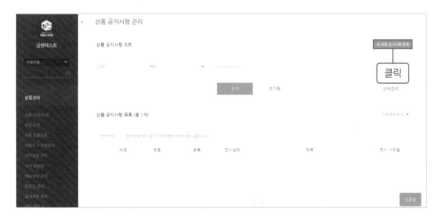

03 '분류'와 '제목'을 입력하고, [Smart Editor ONE으로 작성]을 클릭해 주세요. 여기서는 배송과 문의사항 관련 공지를 등록할 예정입니다.

04 아래처럼 배송과 상품 관련 안내만 작성해도 좋고, 고객의 시선을 끌 만한 홍보 문구를 함께 작성해도 좋습니다. 작성했다면 우측 상단의 [등록]을 클릭합니다.

TIP

상품 등록 시 출고지
를 도매처 주소로 설
정했다면 출고지 관
련 문구는 작성하지
않아도 됩니다.

05 '전시위치' 항목에서 '모든 상품에 공지사항 노출'에 체크하고, [상품 공지사항 등록]을 클릭하면 공지 등록이 완료됩니다.

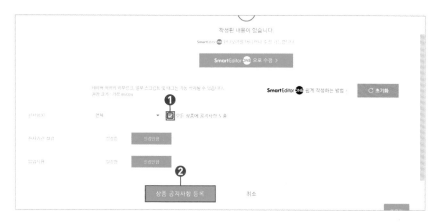

06 스토어의 상품 상세 페이지에 들어오면 상단에 공지가 노출되는 것을 확인할 수 있습니다.

2 정산 확인 및 빠른정산 신청하기

초보자도 쉽게 이해할 수 있는 정산 시스템

스마트스토어는 정산이 투명하고, 정산 체계가 디테일하게 잘 짜여 있습니다. 마진 계산만 해도 벅찬 초보 셀러에게 정산 비용을 일일이 다 계산하기란 힘든 일입니다. 스마트스토어에서는 **'초보판매자 정산가이드'를 제공해 정산 과정부터 방법까지 상세히 안내합니다.** 또한, 45쪽에서 언급했듯 셀러에게 유리한 '빠른정산' 시스템을 제공합니다. 지금부터 정산 가이드 확인 및 빠른정산 신청 방법을 배워 보겠습니다.

🖐 TIP

국내 사업자 기준 거래 건수 3개월간 월 20건 이상, 반품률 20% 미만이면 빠른정산을 신청할 수 있습니다.

PART 5

01 스마트스토어센터에서 [정산관리]→[초보판매자 정산가이드]를 클릭합니다. 정산 과
정 및 방법, 수수료, 부가세 신고 등 복잡한 정보를 간단하게 확인할 수 있습니다.

02 정산 과정에서 안내하는 '정산 흐름'과 '정산일 정보'입니다.

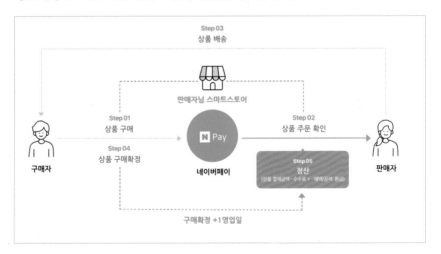

- **일반정산 상품주문 정산일**: 구매확정일 + 1 영업일
- **빠른정산 상품주문 정산일**: 집화처리일 + 1 영업일
- **교환완료 상품주문 정산일**: 교환완료일 + 1 영업일

  만약 교환으로 상품을 재배송했다면 구매자가 재배송받은 후 '구매확정'을 하면 '교환완료' 됩니다. 교환한 상품은 교환완료일 + 1 영업일에 정산해 드려요.

- **직권취소 상품주문 정산 후 취소일**: 직권취소일 + 1 영업일

  구매확정 또는 교환완료로 정산이 완료된 이후에 구매자와 협의 후 직권취소를 하는 경우가 발생할 수 있어요. 구매확정 또는 교환완료 + 1 영업일에 정산해 드린 이후 직권취소가 발생했다면 직권취소일 + 1 영업일에 정산 금액에서 해당 금액만큼 차감합니다.

- **배송비 정산일**: 모든 상품주문들의 종료일 + 1 영업일

  한 번에 여러 개의 상품을 주문하면, 1개 주문 하위에 여러 개의 상품주문이 생성되는데 배송비는 주문 하위의 모든 상품주문들의 상태가 종료되는 시점에 정산해 드려요(주문 종료로 판단하는 상태는 취소완료, 반품완료, 교환완료, 구매확정, 직권취소가 해당됩니다).

03 스크롤을 내리면 나오는 '정산 내역 > 일별 정산내역' 설명 내용 중 일부입니다. 어떻게 정산 금액이 차감되는지 이해할 수 있습니다.

04 정산 방법 및 계좌 정보 변경도 가능합니다.

05 부가세 신고 관련 궁금한 사항도 확인할 수 있습니다.

06 판매 3개월 후, 거래 건수가 월 20건 이상이 되었다면 반드시 '빠른정산'을 신청하세요. [정산관리]→[빠른정산]에 들어가서 [빠른정산 신청하기]를 클릭합니다.

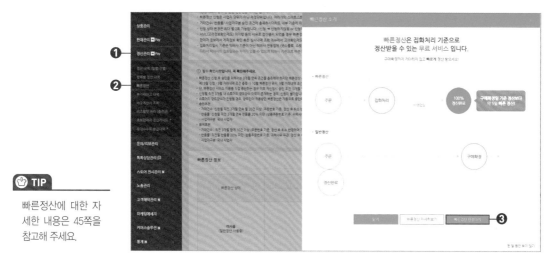

🖐️ **TIP**

빠른정산에 대한 자세한 내용은 45쪽을 참고해 주세요.

③ 반품안심케어 이용하기

네이버가 보상해 주는 고객 교환 · 반품

'반품안심케어'는 구매자가 교환 및 반품을 요청할 때 네이버에서 셀러 대신 교환·반품 배송비를 보상해 주는 서비스입니다. 고객에게 '무료 교환·반품'으로 노출되므로 주문이 늘어날 수 있다는 장점이 있지만, 보다 쉽게 교환 및 반품 요청이 들어올 수 있다는 단점도 존재합니다.

그럼에도 고객의 주문 진입 장벽이 낮아지기 때문에, 부담되지 않는 상품에 한해 이용해 보는 것을 추천합니다. 낮은 서비스 비용으로 주문 건수를 늘릴 수 있습니다.

반품안심케어는 교환 및 반품에 대해 **왕복 배송비가 7천 원 미만이면** 신청할 수 있습니다.

PART 5

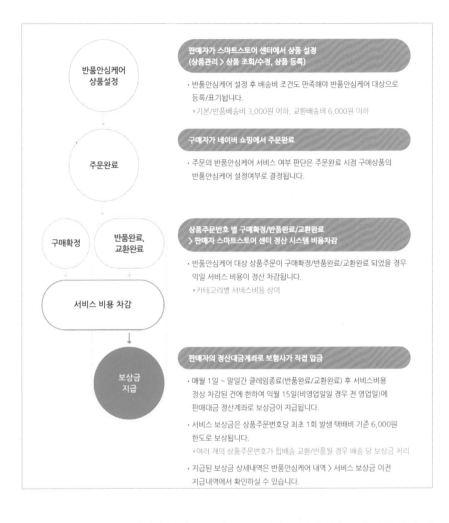

반품안심케어 상품설정	**판매자가 스마트스토어 센터에서 상품 설정** (상품관리 > 상품 조회/수정, 상품 등록)
	• 반품안심케어 설정 후 배송비 조건도 만족해야 반품안심케어 대상으로 등록/표기됩니다.
	*기본/반품배송비 3,000원 이하, 교환배송비 6,000원 이하

주문완료

구매자가 네이버 쇼핑에서 주문완료

• 주문의 반품안심케어 서비스 여부 판단은 주문완료 시점 구매상품의 반품안심케어 설정여부로 결정됩니다.

구매확정 / 반품완료, 교환완료

상품주문번호 별 구매확정/반품완료/교환완료
> 판매자 스마트스토어 센터 정산 시스템 비용차감

• 반품안심케어 대상 상품주문이 구매확정/반품완료/교환완료 되었을 경우 익일 서비스 비용이 정산 차감됩니다.

*카테고리별 서비스비용 상이

서비스 비용 차감

보상금 지급

판매자의 정산대금계좌로 보험사가 직접 입금

• 매월 1일 ~ 말일간 클레임종료(반품완료/교환완료) 후 서비스비용 정상 차감된 건에 한하여 익월 15일(비영업일일 경우 전 영업일)에 판매대금 정산계좌로 보상금이 지급됩니다.

• 서비스 보상금은 상품주문번호당 최초 1회 발생 택배비 기준 6,000원 한도로 보상됩니다.

*여러 개의 상품주문번호가 합배송 교환/반품될 경우 배송 당 보상금 처리

• 지급된 보상금 상세내역은 반품안심케어 내역 > 서비스 보상금 이전 지급내역에서 확인하실 수 있습니다.

100% 무료 서비스는 아니지만 생활용품 기준으로 건당 80원의 이용료만 내면 되기 때문에 거의 무료로 보상받는다고 생각해도 무방합니다. 아래는 카테고리별 건당 서비스 비용입니다.

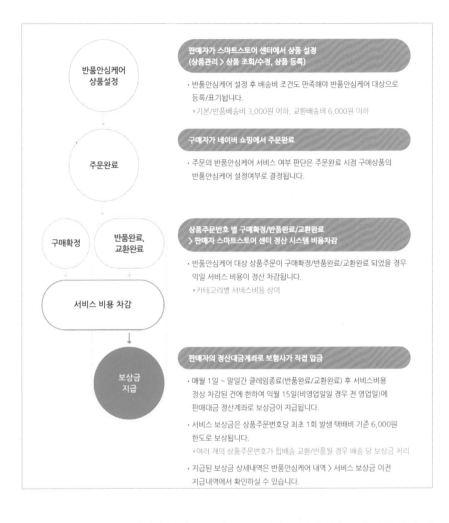

TIP

카테고리별 반품안심케어 비용은 2개월마다 변경될 수 있으니 사전에 비용을 확인해 주세요. 비용 변경 시 공지사항을 통해 안내됩니다.

반품안심케어 비용
(단위: 원)

패션의류	패션잡화	출산/육아	스포츠/레저	화장품/미용
490	360	130	360	50

생활/건강	가구/인테리어	디지털/가전	도서	식품
80	130	160	90	40

도매처 교환·반품 비용이 7천 원 이하라면 위탁 셀러도 충분히 이용할 수 있습니다. 다만, 우리 상품이 아닌 도매처 상품이기 때문에 의류, 전기 제품 등 **고객 교환이나 반품 신청이 자주 들어오는 상품은 진행하지 않는 게 좋습니다.**

스마트스토어센터 좌측 메뉴 중 [판매관리]→[반품안심케어] 메뉴에서 [반품안심케어 가입]을 클릭하면 가입 가능합니다.

PART 5

PART **6**

입문자가 알아야 할
네이버 무료 마케팅

01

파워 등급 달성 전
초보자 필수 마케팅

① 스토어 지수 올려 주는 쿠폰 설정하기

무료로 단골을 늘리는 알림받기 기능

특정 스토어를 카카오 플러스 친구로 추가한 경험이 있나요? 스마트스토어 자체 기능으로도 카카오 플러스 친구처럼 고객들을 확보할 수 있습니다. 스토어 상단에 노출되는 [알림받기] 기능을 이용하는 것입니다. 유료로 마케팅 메시지를 보내야 하는 카카오와 달리 스마트스토어에서는 무료로 마케팅 메시지를 보낼 수 있습니다.

[알림받기]를 누른 고객 수가 증가한다면 혜택 메시지를 발송해 단골 고객에게 홍보할 수도 있고, 스토어 지수 역시 올라갑니다. 단, 아무 메시지나 보내면 안 됩니다. 고객이 스팸 메시지라고 느끼지 않는 마케팅 메시지를 기획해야 합니다.

▲ 단골을 확보할 수 있는 [알림받기] 기능

👆 TIP

과거 '스토어찜'과 '소식알림'으로 나뉘어 있던 서비스가 2022년 10월부터 '알림받기' 서비스로 통합되었습니다.

알림을 신청한 고객 수를 늘리려면 쿠폰 혜택을 제공해야 합니다. 스토어가 마음에 든 고객이 자발적으로 [알림받기]를 클릭하면 좋겠지만 상품이 많지 않은 초보 셀러의 스토어를 보고 알림을 설정할 확률은 매우 낮기 때문입니다. **알림받기 전용 쿠폰을 발급하여 고객에게 혜택을 제공하고 알림 신청을 유도**할 수 있습니다. 지금 바로 쿠폰을 등록해 보겠습니다.

무작정 따라하기 ## 알림받기 혜택 등록하기

01 스마트스토어센터에서 [고객혜택관리]→[혜택 등록] 메뉴를 클릭합니다. '혜택 이름'을 입력하고, '타겟팅 대상'은 [알림받기]로 설정해 주세요. 다음으로 '혜택종류'에서 [쿠폰]을 선택하고 [혜택 노출 예시보기]를 클릭합니다.

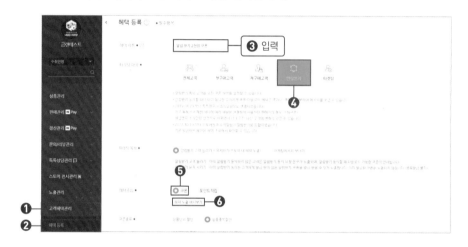

02 '알림받기' 쿠폰 등록 시 스토어 메인 상단, 상품 상단에 어떻게 노출되는지 알 수 있습니다. 확인했다면 우측 상단의 [X]를 눌러 빠져나옵니다.

03 먼저 '할인설정'과 '최소주문금액'을 설정해 주세요. 할인은 '%' 또는 '원' 단위로 설정할 수 있습니다. 다음으로 '혜택기간', '쿠폰 유효기간', '상품상세 노출', '혜택상품지정'을 내게 맞게 설정하고 [확인]을 클릭합니다.

TIP

할인 및 최소주문금액 설정은 상품 마진에 부담되지 않는 선에서 정해 주세요.

04 혜택 확인 팝업이 노출됩니다. 확인 후 [저장]을 클릭해 주세요.

05 자동으로 '혜택 조회/수정' 페이지로 이동합니다. '혜택상태' 항목에 '적용중'으로 표시 된다면 정상적으로 쿠폰 등록이 완료된 것입니다.

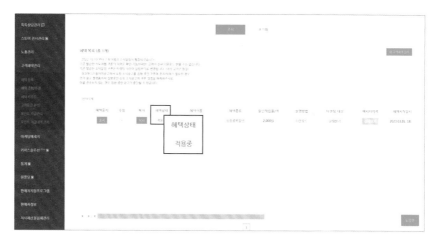

06 쿠폰이 잘 등록되었는지 볼까요? 스토어에 접속해 좌측 상단의 [알림받기]를 클릭하 고, 혜택 팝업이 노출되는지 확인합니다.

상품을 클릭해 상세 정보 상단에 '쿠폰 발급받기' 화면이 노출되는지도 확인합니다.

👆 **TIP**

많은 고객이 상품 상
단에서 쿠폰을 발급
받기 때문에 혜택 등
록 시 반드시 '상세
정보 상단에 쿠폰 전
시하기'를 체크해 주
세요.

② 과하지 않은 리뷰 이벤트 진행하기

상품 판매에 큰 영향을 차지하는 리뷰

리뷰가 많고 만족도가 5.0에 가깝다면 상품은 잘 팔립니다. 그러나 **리뷰가 많다고 해서 상품이 반드시 더 잘 팔리는 것은 아닙니다.** 3.5점의 리뷰 수십 개보다 5.0의 장문 리뷰 몇 개가 고객의 구매 심리를 자극하기엔 훨씬 효과적입니다.

또한, 스토어를 운영하다 보면 리뷰가 많지 않아도 판매가 잘되는 상품이 생기기도 합니다. 그러니 리뷰 개수에 집착하며 대행사를 쓰는 등 작업을 하지 않아도 괜찮습니다.

👆 **TIP**

네이버 멤버십에 가입
한 고객에게는 우리가
증정하는 리뷰 포인트
보다 최대 5% 더 적립
되기 때문에 더 큰 혜
택을 받게 됩니다.

고객에게 리뷰 혜택을 주는 방법에는 두 가지가 있습니다.
첫 번째는 **상품 등록 시 '구매/혜택 조건'에서 리뷰 혜택을 증정하는 방법**입니다. '구매/혜택 조건'에서 '상품리뷰 작성시 지급'을 체크하면 됩니다. 리뷰 건수가 늘어날 뿐만 아니라, '빠른정산'을 받기에도 유리합니다. 고객이 리뷰를 등록하려면 우선 [구매확정]을 눌러야 하기 때문입니다.

▲ 리뷰 작성 시 고객에게 혜택 제공하기

두 번째로 **'리뷰 이벤트'를 진행**할 수 있습니다. 정해진 기간에 작성된 리뷰 중 베스트 리뷰를 선정해 네이버 포인트를 제공하는 이벤트입니다.

경험에 따르면 신규 상품 대상으로 리뷰 이벤트를 진행했을 때 리뷰 비율이 2~3% 정도 증가했습니다. 수치로만 보면 아주 높지는 않지만 리뷰가 0건인 상태에서 초기 리뷰를 쌓는 데 도움을 받을 수 있습니다. 또한, 자체적으로 이벤트를 여는 것보다 훨씬 편하기도 합니다. 단, **이벤트 진행 비용은 무료지만 고객에게 증정할 리뷰 포인트 비용이 발생**합니다.

무작정 따라하기

리뷰 이벤트 등록하기

01 스마트스토어센터 좌측 메뉴 중 [문의/리뷰관리]→[리뷰이벤트 관리]를 클릭합니다.

02 '이벤트 제목'을 입력하고, '이벤트 적용 대상'을 [상품설정]으로 선택합니다. 지정한 상품을 대상으로 이벤트를 진행할 수 있습니다. 그런 다음 [상품 불러오기]를 클릭해 상품을 불러옵니다.

TIP

여러 상품으로 이벤트를 진행해도 되지만 리뷰가 없는 신규 상품 하나를 정하여 해당 상품에 리뷰를 조금이라도 더 쌓는 것을 권장합니다.

03 '이벤트기간'부터 '포인트혜택'까지 원하는 대로 설정하세요. 전부 입력했다면 '포인트혜택' 항목에 이벤트 총 예산이 노출됩니다. 리뷰 이벤트에 사용할 비용을 충전하기 위해 '사용가능 비즈월렛' 옆의 [충전하기]를 클릭합니다.

04 비즈월렛을 충전할 수 있는 창이 나타나면 금액을 입력하고, 충전수단을 선택해 충전을 진행해 주세요.

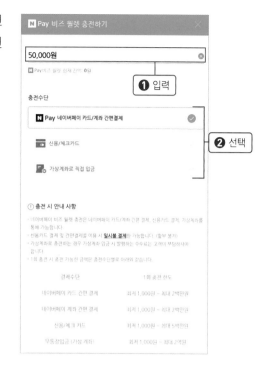

05 '이벤트 내용'에서 원하는 문구를 선택하고, 우측의 [노출 예시보기]를 클릭합니다.

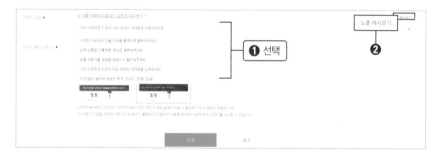

06 리뷰 이벤트가 어디에 노출되는지 확인할 수 있습니다. 확인했다면 [X]를 눌러 창을 닫고, 마지막으로 [저장]을 클릭합니다. 리뷰 이벤트 등록이 완료되었습니다.

📄 신규 마케팅 '윈쁠딜' 진행하기

1+1 마케팅의 신흥 강자 윈쁠딜

셀러들이 자체적으로 꾸리던 **1+1 마케팅을 네이버 쇼핑의 지원을 받아 무료로 진행**할 수 있습니다. 네이버 쇼핑에서는 매년 셀러들을 위한 다양한 마케팅 혜택을 오픈하는데 그중 하나가 '윈쁠딜' 서비스입니다.

'윈쁠딜'은 셀러가 1+1 상품을 제안하면 하루에 30팀을 선정해 네이버 쇼핑 '윈쁠딜' 영역에 노출해 주는 파격적인 혜택입니다. 비용은 따로 들지 않으나, 무료배송이 필수이며 매출연동 수수료 5%가 발생합니다. 기존 매출연동 수수료(2%)보다 높기는 하지만 많은 사람에게 노출되는 것을 감안하면 결코 높은 수수료가 아닙니다.

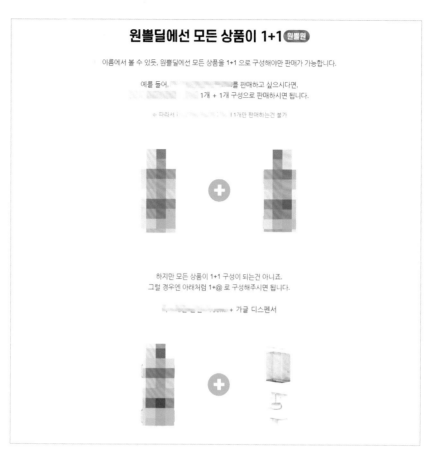

▲ 네이버에서 제공하는 원쁠딜 설명

네이버 쇼핑 내 원쁠딜 노출 예시입니다.

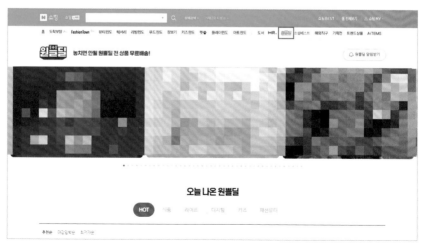

▲ 네이버 쇼핑 '원쁠딜' 페이지

▲ 네이버 쇼핑 상품 키워드 검색 시 핫딜 노출 예시

TIP

네이버는 2022년부터 기존에 있던 '럭키투데이' 핫딜 서비스를 과감히 종료하고 '원쁠딜' 서비스를 확장하면서 이 서비스에 집중하고 있습니다.

무료배송이 부담스럽다면 배송비를 상품 가격에 녹이면 됩니다. **1+1 상품을 필요로 하는 고객들은 '단일 상품의 최저가'에 연연하지 않습니다.** 1+1 혜택이 적용된 상품을 사는 것이 배송비를 들여 단일 상품을 사는 것보다 이득이라고 생각하기 때문이죠.

상품에 따라 유입 및 구매 증가 정도가 다르기는 하지만, 상품의 초기 판매가 부진하거나 상품 상위 노출에 어려움을 겪고 있는 셀러에게 좋은 마케팅 수단입니다.

'원쁠딜'은 '원쁠딜'과 '원쁠템'으로 나뉘어 운영됩니다.
원쁠딜은 신규 상품으로, 원쁠템은 기존에 판매 중인 1+1 판매 상품으로 제안하면 됩니다.
'원쁠딜'은 매주 월요일 11:00~17:00에만 신청이 가능하므로 일정을 꼭 체크해 주세요.

여기서는 신청 시간 제한이 없는 '원쁠템'으로 실습해 보겠습니다.

01 스마트스토어센터 좌측 메뉴에서 [원쁠딜]→[원쁠딜 소개]를 선택합니다. 원쁠딜과 관련된 내용을 꼼꼼히 숙지하고 하단의 [원쁠딜 시작하기]를 클릭해 주세요.

02 '노출 서비스 관리' 페이지로 이동하면 원쁠딜을 '연동중'으로 활성화하고, 새 창이 나타나면 약관 동의 후 [확인]을 누릅니다.

TIP

스마트스토어 세팅 과정에서 이미 원쁠딜을 '연동중'으로 설정해 두었다면 바로 [원쁠템 제안관리]로 이동합니다.

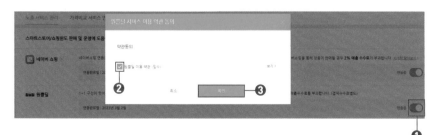

PART 6

03 연동 안내창이 나타나면 [확인]
을 클릭해 주세요.

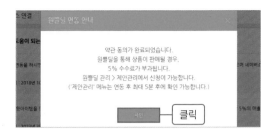

04 [원쁠딜]→[원쁠템 제안관리]로 이동해 상단의 [제안 등록] 탭을 클릭합니다.

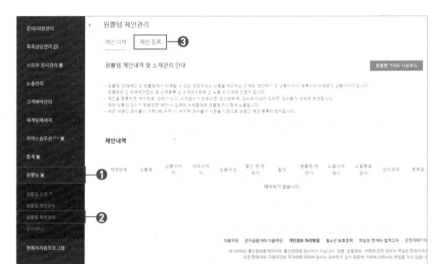

👋 TIP

'원쁠템'의 경우 사전
에 1+1 아이템을 구상
해 상품을 등록하되,
제안 등록 전 우측 상
단의 [원쁠딜 가이드
다운로드]를 클릭해
가이드를 숙지하면 많
은 도움이 됩니다.

05 '검수불가 누적횟수' 창이 나타나
면 [확인하고 제안등록]을 클릭합
니다.

06 채널을 선택하고, '상품찾기' 영역에서 [스마트스토어 상품 찾기]를 클릭하면 '소재등록 시 주의사항' 창이 나타납니다. [확인]을 클릭해 주세요.

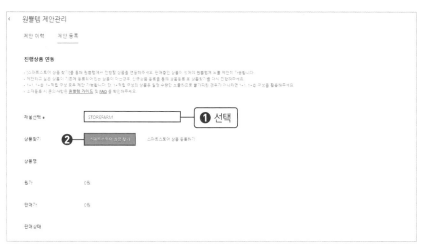

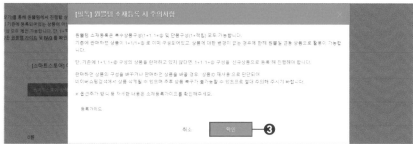

07 아래 주의사항을 확인하고 상품 구성, 원쁠템 상품명, 원쁠템 제안가, 재고수량을 기입 합니다.

✅ 상품 구성 주의사항
- 1+1: 완전히 동일한 상품 2개 or 속성만 다른 동일한 상품 2개로 구성
- 1+@: 원상품과 +@ 상품으로 구성

✅ 상품명 주의사항
- 특수문자 불가, 무료배송 언급 X
- '1+1', '1+@' 문구 사용 불가. 용량, 개수 등 셈 단위로 풀어서 표현
  - ⓔ 50ml+50ml, 400g+400g, 1개+1개 등

08 제일 하단의 '진행기간'을 우선해서 입력해 주세요.

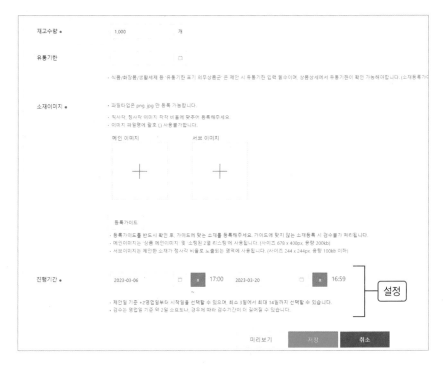

09 '소재이미지' 항목에서 '메인 이미지' 영역의 [+]를 클릭하면 새 창이 나타납니다. [이미지등록]을 선택합니다.

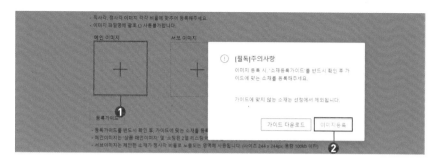

✅ 이미지 등록 주의사항

- 규격: 메인 이미지 678×400px, 용량 200KB 이하 / 서브 이미지 244×244px, 용량 100KB 이하
- 텍스트 사용 불가. 제품 이미지가 너무 작거나 일부 잘린 경우 검수불가 될 수 있음
- 1+1 느낌이 강조되도록 메인 이미지 제작 가능

10 주의사항을 숙지하고 사이즈에 맞게 이미지를 업로드했다면 정상적으로 등록됩니다. 최종 등록 전에 [미리보기]를 클릭해 이상이 없는지 확인하고, 제대로 노출된다면 [저장]을 클릭해 주세요.

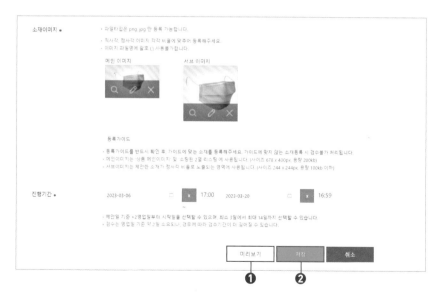

11 소재등록내용을 확인할 수 있습니다. 수정할 필요가 없다면 [확인]을 눌러 줍니다.

12 주의사항까지 최종 확인하면 '원쁠템 제안관리' 화면으로 이동합니다. '제안내역'에서 '검수상태' 항목을 확인해 주세요. 검수 기간은 영업일 기준 1일 정도 소요되며 검수가 끝나면 신청 기간에 원쁠딜 혜택이 노출됩니다.

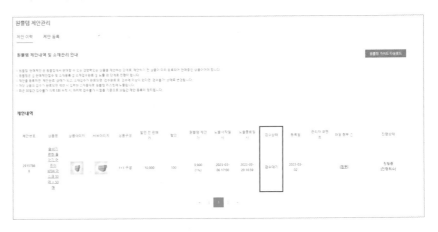

02

파워 등급 달성 후
중급자 필수 마케팅

❶ 인기 상품 GIF 움짤 만들기

단 3초 만에 고객의 시선을 끄는 GIF

상세 페이지에 GIF 파일을 등록하면 3초 안에 우리 상품의 장점을 보여 줄 수 있습니다. 또한, 스마트스토어센터에서도 상품 등록 시 '대표 이미지' 영역에서 '동영상' 업로드를 통해 GIF로 변신시켜 주는 기능이 있습니다.

판매가 잘되는 상품이 생기면 해당 상품을 샘플로 하나 구매하여 GIF 이미지를 만들어 보세요. GIF는 예쁘거나 감성적일 필요가 전혀 없습니다. 그보다는 고객의 시선을 사로잡을 수 있게 만드는 것이 핵심입니다.

👆 TIP

반드시 스튜디오에서 촬영할 필요는 없으며, 집에서도 충분히 만들 수 있습니다.

GIF 파일을 만들기 전에 상품의 강점을 나열해 보고 고객의 시선을 끌 만한 상황을 구상하세요. 움직이는 이미지로 보여 주었을 때 극적인 효과가 나타나는 장점이 있을 것입니다.

움직이는 이미지는 고정 이미지보다 시선이 집중되기 때문에 고객의 흥미를 불러일으킬 수 있습니다. 그렇기 때문에 화려한 스튜디오 촬영 컷보다 훨씬 더 많은 구매를 유도할 수 있습니다. 물론 의류나 뷰티 카테고리 제품은 예쁜 이미지가 중요하기 때문에 스튜디오 촬영컷이 필요합니다. 그러나 대기업 상품이 아니라면 의류나 뷰티 상품도 판매가 잘되는 경우 상세 페이지에 GIF 이미지를 활용한 사례가 많습니다.

GIF 이미지를 만드는 방법은 다양합니다. 이미지 여러 개를 이어 붙여 만들 수도 있고, 짧은 동영상을 촬영한 후 GIF 파일로 변환할 수도 있습니다.

동영상을 촬영해 GIF 파일로 변경하는 것은 아주 간단합니다. 여기서는 EZGIF.com 사이트에서 [Video to GIF] 기능을 활용해 보겠습니다. [파일 선택]을 클릭하고 동영상을 업로드한 후 변환하면 됩니다.

▲ EZGIF.com 사이트에서 GIF 파일 생성하기

'백 번 듣는 것보다 한 번 보는 것이 낫다'는 말처럼 **GIF 이미지는 짧은 이미지 하나로 고객에게 상품을 실제로 체험하는 것 같은 효과**를 줍니다. GIF 파일을 제작해 상품 상세 페이지에 녹여 보길 바랍니다.

② 클릭을 유도하는 마케팅 메시지 발송하기

무료 마케팅 메시지로 구매 유도하기

스마트스토어센터에서 소개하는 마케팅 메시지 노출 예시입니다.

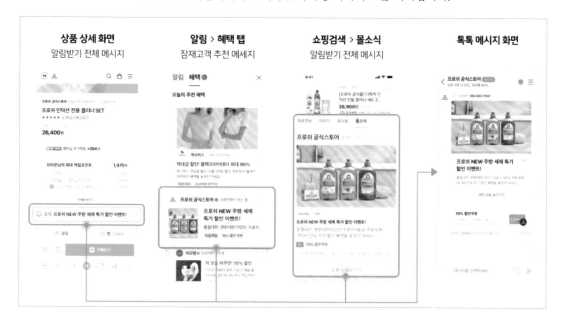

무료로 발송 가능한 마케팅 메시지 건수는 '알림받기' 고객 수의 3배입니다. 즉, 내 스토어에 '알림받기'를 누른 고객이 900명이라면 메시지는 총 2,700회 무료로 발송할 수 있습니다.

01 스마트스토어센터 좌측 메뉴에서 [마케팅메시지]→[마케팅 보내기]에 접속합니다. 적
용할 스토어를 선택하고 [스토어 확정]을 클릭해 주세요.

02 '목표 설정하기'에서 원하는 목표를 선택하고, [목표 확정]을 클릭해 주세요.

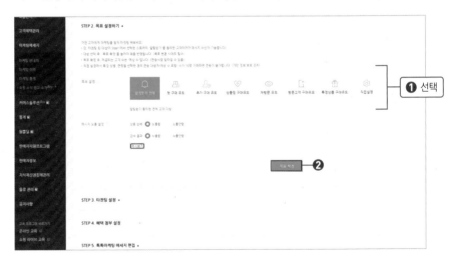

03 '타겟팅 설정'에서 [타겟팅 확정]을 클릭합니다.

04 '혜택 첨부 설정'에서 [첨부안함]을 선택하고, [혜택 확정]을 클릭합니다. 그다음 아래의 [톡톡 마케팅 편집]을 클릭합니다.

🖐 **TIP**

[혜택첨부함]을 선택하려면 [고객혜택관리]→[혜택 등록]에서 '타겟팅 대상'을 [알림받기]로, '타겟팅 목적'을 [마케팅메시지보내기]로 쿠폰을 만든 후 혜택을 첨부합니다.

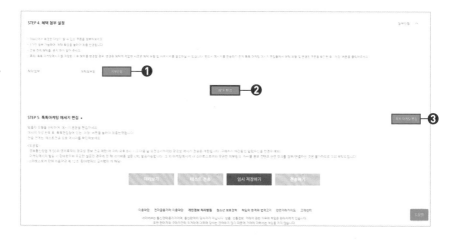

05 마케팅 메시지 형태를 선택해 주세요. 여기서는 [이미지형]으로 실습해 보겠습니다. 선택 후 좌측 하단의 [다음단계]를 클릭합니다.

06 마케팅 메시지를 작성할 수 있습니다. 책에서는 CLOVA AI의 도움을 받아 마케팅 메시지를 정해 보겠습니다. [+솔루션 추가하기]를 클릭해 주세요.

TIP

CLOVA AI 마케팅 메시지는 무료로 제공되고 있습니다(2023년 3월 기준).

07 새 창에서 'CLOVA 메시지마케팅' 우측의 [추가하기]를 클릭합니다.

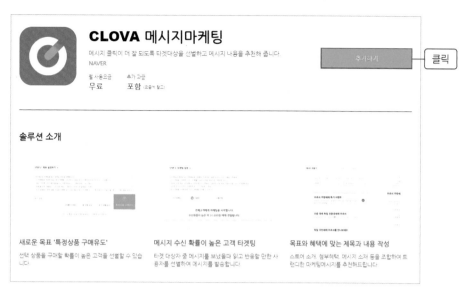

08 결제 금액이 0원으로 표시됩니다. 하단의 [추가하기]를 눌러 주세요.

09 다시 'CLOVA 메시지마케팅' 페이지로 이동하면 [사용하기]를 클릭합니다.

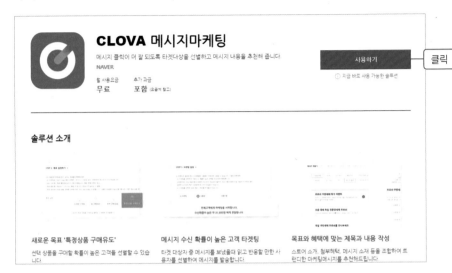

10 '마케팅 메시지 작성' 화면을 새로고침한 후, '메시지 만들기' 항목에서 마음에 드는 소재를 선택하고 [AI 메시지 만들기]를 클릭합니다.

💡 **TIP**

소재는 최대 2개까지
선택할 수 있습니다.

11 '신상입고'와 '특가'를 선택했을 때 메시지 예시입니다. 메시지를 선택하면 좌측의 문구가 변경된 것을 확인할 수 있습니다. 상품이나 혜택에 맞게 문구를 수정하고 [+이미지 등록]을 클릭해 상품 이미지를 업로드해 주세요.

❸ 업로드

❷ 수정

마케팅 혜택이 뚜렷하여 정확히 전달할 수 있다면 AI 메시지 기능을 사용하지 않고 수동으로 메시지를 보내는 것이 좋습니다.

12 전자책 상품 예시입니다. AI 문구를 변경해 메시지를 만들어 보았습니다. 확인 후 [저장]을 클릭합니다.

TIP

AI 메시지 기능을 이용할 경우 두 가지 형태로 발송하여 어떤 것이 더 효과적인지 측정할 수 있습니다.

13 마지막으로 [미리보기] 또는 [테스트 전송] 기능을 활용해 이상이 없는지 확인하고, [전송하기]를 클릭해 발송합니다.

③ 카테고리 상품 기획전 진행하기

상품 50개 등록 후 기획전 진행하기

네이버 쇼핑 '기획전' 홍보를 통해 무료로 유입과 판매를 늘릴 수 있습니다. 네이버 쇼핑에서는 패션, 뷰티, 리빙, 유아동, 멘즈 5개의 카테고리 형태로 기획전 상품을 소개합니다.

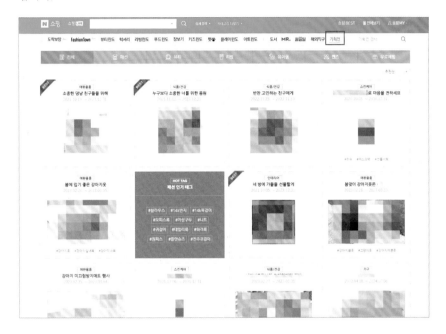

기획전 상품은 네이버 쇼핑에서 만드는 것이 아닙니다. 셀러가 직접 스마트스토어센터에서 카테고리가 비슷한 유형의 상품을 묶어서 기획전을 진행합니다. 기획전 등록 가이드만 잘 지키면 최대 3영업일 이내에 심사가 완료되며 이후 진행이 가능합니다.

큰 카테고리만 일치하면 상품 카테고리는 조금씩 달라도 괜찮습니다. 예를 들어 '생활용품' 상품 50개가 등록되어 있다면 함께 기획전을 진행할 수 있습니다. 지금부터 실습해 보겠습니다.

01 스마트스토어센터 좌측 메뉴에서 [노출관리]→[기획전 관리]를 선택하고 [신규 기획전 등록]을 클릭합니다.

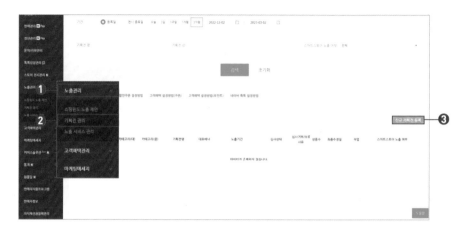

상단의 [기획전 등록 가이드]를 읽어 보고 숙지한 후 진행하는 것을 권장합니다.

02 '기본정보 입력' 영역에서 기획전 제목, 태그, 기간, 배너 이미지 등을 등록해 주세요. 이미지는 최상단에 노출할 상품 이미지를 업로드해야 합니다. '핫딜 특가소식 배너' 이미지를 등록하고 상단배너 타이틀도 입력합니다.

• 네이버 쇼핑 '기획전' 영역에서 진행 중인 기획전을 참고하면 기획전 제목 설정에 도움이 됩니다. 이미지는 규격에 맞지 않아도 등록 시 조절해서 업로드할 수 있습니다.
• 핫딜 이미지 크기는 최대 40KB입니다. 용량이 크다면 포토스케이프에서 이미지를 열고 [저장]을 클릭해 'JPEG 저장 품질'을 낮춰 봅시다.

03 이어서 섹션 정보를 입력하고, [섹션추가]를 클릭해 주세요. 섹션이란 '상품 그룹'이라고 이해하면 됩니다. 상품이 100개 이상으로 많다면 '주방용품', '수납용품'처럼 섹션을 분류해 노출시킬 수 있습니다. 여기서는 하나의 섹션만 등록해 보겠습니다.

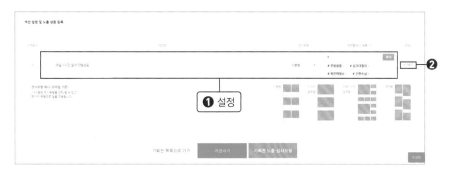

04 [섹션추가]를 클릭했다면 아래처럼 [상품관리] 버튼이 활성화됩니다. [상품관리]를 클릭해 주세요.

05 '기획전 관리' 페이지로 이동합니다. [상품찾기]를 클릭해 등록할 상품들을 업로드하고 [저장하기]를 눌러 완료합니다.

PART 6

03

빅파워 달성을 위한
스토어 방향 잡기

1 부업 vs 전업, 스토어 방향 잡기

파워 셀러 이후 스토어 추가 개설

파워 셀러가 되고 하루 1시간 내외로 일하다 보면 나태해질 확률이 높습니다. 이때, 운영 중인 스토어로 천년만년 벌 수 있을 거라고 생각하면 큰 오산입니다. 경쟁사의 매력적인 상품으로 내 상품의 판매가 하락할 수도 있고, 위탁 상품의 경우 드물지만 단골 도매처가 갑자기 파산해서 상품을 못 팔게 될 수도 있기 때문입니다.

TIP

개인 판매자 계정은 사업자 계정이 있어도 별도로 개설할 수 있습니다.

파워 셀러가 되고 부수입이 100~200만 원 정도로 안정화되었다면, '스토어 추가 개설' 도 고려해 보세요. 파워 셀러가 되면 [판매자정보]→[정보변경 신청]에서 스토어 추가 개설을 요청할 수 있습니다. 이후 두 번째 스토어까지 파워 셀러를 달성하면 한 번 더 스토어 추가 개설이 가능하고요. **사업자 한 개로 총 세 개의 스토어를 운영할 수 있습니다.**

단, 추가 스토어는 **'상품 대표 카테고리'를 기존 스토어와 다르게 설정**해야 합니다. 운영 중인 스토어의 대표 카테고리가 '생활/건강'이었다면 '패션잡화'나 '스포츠/레저'처럼 다른 카테고리로 설정해 주세요. 스토어 대표 카테고리만 다르게 잡는 것이므로 개설 후 '생활/건강' 카테고리 상품도 등록할 수 있습니다.

스마트스토어 추가 조건

매출규모, 판매만족도, 징계여부 등의 조건을 모두 충족하신 경우,
제한적으로 스마트스토어를 추가 신청이 가능합니다.
단, 기존 계정과 상품군(소분류 카테고리 기준)이 다른 경우에만 허용하며,
개인판매자는 스마트스토어 추가가 제한됩니다.

회원가입일자	충족
회원가입일로 부터 6개월 이상	
매출액	충족
최근 3개월 총매출액 기준 금액 (800만원) 이상	
판매만족도	충족
최근 3개월 판매만족도 기준 4.5점 이상	
징계여부	충족
이용정지 톡수 7 준치 이상	

닫기   스마트스토어 추가 요청

▲ 스토어 추가 개설 신청 예시

스토어 추가 개설을 결심했다면 두 번째 스토어를 어떻게 운영할 것인지 고민해 보세요. 현재 어떤 마음으로 스토어를 운영하고 있는지, 셀러가 적성에 맞는지 충분히 고려하는 게 좋습니다.

계속 편하게 부수입을 얻고 싶고 내 인생에서 스마트스토어를 서브 아이템 중 하나로 가져가고 싶다면 두 번째 역시 위탁 스토어로 개설해도 좋습니다. 그러나 스토어를 운영하는 것이 재밌고 자신감도 붙어서 제대로 사업을 시도해 보고 싶다면 '**브랜드 전문몰' 개설을 고민해 보세요.**

위탁 판매를 하며 얻은 노하우로 직접 제품을 사입해 보고, 상세 페이지를 스스로 기획하여 디자이너에게 의뢰해 보고, 광고도 하고, 오픈마켓이나 와디즈 같은 플랫폼에서 추가로도 판매해 보는 겁니다.

하나의 상품을 브랜딩하는 과정은 고되긴 하지만 분명히 보람을 느낄 수 있습니다. 내가 고생해서 일구어 낸 상품이기에 고객이 좋아한다면 인정받는 기분이 들 것입니다. 내 브랜드가 마치 자식 같다는 마음도 들고요. 이것이 위탁 판매와는 다른 점입니다.

TIP

브랜드몰을 개설할 때는 초기 사업이나 상세 페이지 기획, 광고 영역 등에서 노하우가 필요합니다. 저나 다른 강사들의 전문몰 강의를 수강하는 것도 좋습니다.

PART 6

위탁 판매에는 흥미를 잃었지만 브랜드 전문몰까지는 부담스럽다면?

내가 관심 있는 상품을 소량 사입해서 판매하는 것도 좋습니다. 위탁 판매에서 얻은 노하우가 있기 때문에 충분히 잘 판매할 수 있을 것입니다.

스토어 운영이 돈은 되지만 재미는 없다면?

스토어는 부업으로 꾸준히 운영하면서 다른 활동을 찾아보는 것도 좋습니다. 안정적인 부수입이 있어야 좋아하는 일에 도전할 힘이 생깁니다. 이후 좋아하는 일로 얻는 수익이 안정화되면 운영하던 스마트스토어를 사업자를 가진 타인에게 양도하는 방법도 있습니다.

스마트스토어 양도/양수는 합법적입니다. 스토어 추가 개설과 마찬가지로 **[판매자 정보]→[정보변경 신청]→[양도양수 안내]**에서 신청할 수 있습니다.

아래 유형은 양도인의 폐업시에만 양도 가능합니다

양도양수 유형	제출 서류
개인 사업자의 사업자등록번호 변경	• 양도양수 승낙신청서 ⬇ 다운로드 • 양도인의 폐업사실 증명서
개인 사업자 ↔ 법인 사업자 과세 유형 변경	• 양도인의 인감증명서(최근3개월이내 발급분) • 양수인의 인감증명서(최근3개월이내 발급분) • 양수인의 사업자등록증
법인 사업자의 법인등록번호 변경	• 양수인의 통신판매업 신고증 • 양수인의 통장사본

아래 유형은 양도인의 가족간에만 양도 가능합니다.

양도양수 유형	제출 서류
개인 사업자의 사업자 번호 변경 없이 대표자 변경	• 양도양수 승낙신청서 ⬇ 다운로드 • 양도인의 인감증명서(최근3개월이내 발급분) • 양수인의 인감증명서(최근3개월이내 발급분) • 양수인의 사업자등록증
개인 판매회원의 사업자 전환 시 대표자 변경	• 양수인의 통신판매업 신고증 • 양수인의 통장사본 • 가족관계증명서

· 신청 방법
* 1:1 문의 > 양도양수 신청하기 항목을 통해 신청   양도양수 신청 바로가기 ›
* 양도원하는 스토어가 여러개인 경우, 스토어명을 모두 기재해 주시기 바랍니다.
* 서류와 함께 양도양수 신청 시 심사가 접수되며, 심사 진행 내용 및 결과는
  스마트스토어 센터 와 영업양수도 승낙 요청서에 기재된 휴대폰으로 안내됩니다.

▲ 스마트스토어 양도양수 안내

홍수처럼 쏟아지는 부업 시장에서 스마트스토어는 모두에게 기회를 제공합니다. 부동산에 투자하려면 종잣돈이 있어야 하고, SNS 인플루언서나 유튜버가 되고 싶다면 끼가 있어야 합니다. 하다못해 말하는 법, 편집하는 법이라도 배워야 하죠.

고객은 우리를 보고 구매하는 것이 아니라 '상품'을 보고 구매합니다. 인간은 누구나 결코 완벽하지 않고, 완성될 수도 없습니다. 스타를 좋아하는 것도 결국 그들이 가진 실력과 캐릭터가 매력적이기 때문입니다.

SNS 관련 부업을 하다 보면, 내가 가진 콘텐츠를 통해 인정받은 것인데 '나' 스스로가 대단한 사람이 된 것처럼 오해할 수 있습니다. '한 번의 실수로 망가지면 어떡하지?' 하는 불안감이 생길 수도 있습니다.
스마트스토어에서 상품을 판매하다 보면 관심과 애정을 쏟을 대상이 생기기 때문에 '나'에 대한 불안감을 조금은 놓을 수 있습니다.

저 역시 마음이 안정되지 않은 날들을 겪어 왔기에 많은 분이 새로운 삶을 누리기를 간절히 바랍니다.

저라는 개인은 결코 온화하지 않지만 이런 마음이 있기에 늘 조금 더 많은 사람에게, 더 많은 도움을 드리고자 했습니다. 주변의 유혹에 흔들리지 않고, 10만 원대라는 저렴한 가격에 평생 수강권을 제공했습니다. 전자책으로 충분한 수익을 얻었지만 개인적인 욕심을 낮추고, 더 많은 분에게 닿을 수 있도록 이 책을 집필했고요.

여기까지 잘 따라왔다면 독자님은 무엇이든 할 수 있습니다.
앞으로 스마트스토어를 통해 원하는 꿈, 원하는 인생에 한 발짝 다가가길 응원하겠습니다.

부록

네이버가 사랑하는
상품 제목 가이드

- 🏪 네이버 공식 상품검색 SEO
- 📓 상품명 작성 상세 가이드
- 💎 대표 이미지 공식 가이드
- 🎯 카테고리 매칭 공식 가이드

네이버가 사랑하는 상품 제목 가이드

매번 바뀌는 네이버 로직 걱정되시나요?

로직이 천만 번 바뀌어도 기본적으로 상품을 노출시키기 위한 네이버 공식은 변하지 않습니다. 네이버가 안내하는 상품 제목 가이드만 잘 숙지하고 지켜 준다면 상품을 잘 노출할 수 있습니다. 네이버가 안내하는 상품검색 SEO 가이드에서 중요 부분만 발췌했습니다.

네이버 공식 상품검색 SEO

네이버 쇼핑 검색결과의 노출 순위를 결정하는 검색 알고리즘은 기본적으로 **적합도, 인기도, 신뢰도**의 3가지로 구성이 됩니다.

이를 바탕으로 제휴사가 제공하는 상품 정보와 네이버에서 수집하는 각종 쇼핑 데이터 및 검색 사용자 로그를 종합적으로 평가하여, 검색어 및 사용자 요구에 맞게 재구성한 검색결과가 만들어집니다.

이 과정에서 검색결과 품질을 높이고, 사용자에게 다양한 검색결과를 제공하기 위한 별도의 검색 알고리즘이 반영될 수 있으며, 이를 보완하는 로직 및 대책도 수시로 반영될 수 있습니다.

또한 검색결과가 홍보 수단으로 활용되면서 각종 소프트웨어, 로봇 및 자동화된 도구를 이용해서 특정 상품을 노출시키려는 악의적인 시도 등이 늘고 있는데, 이러한 어뷰즈 행위는 검색 품질을 훼손하고 이용자의 불편을 초래하기 때문에 적극적으로 차단하고 있습니다.

네이버는 과학적인 방법을 동원해 어뷰즈를 정밀하게 필터링하여 서비스에 영향을 끼치지 않도록 하고 있으며, 기존 서비스 운영 경험을 토대로 검색 알고리즘 및 어뷰즈 필터링 로직을 지속적으로 개선하고 있습니다.

다만, 검색 알고리즘과 검색결과 어뷰즈 판정 기준이 알려질 경우 이를 우회한 새로운 어뷰즈 공격이 생기게 되고, 그에 따라 대다수 선의의 이용자들이 피해를 볼 수 있습니다.

따라서 네이버는 상세한 검색 알고리즘 및 어뷰즈 필터링 로직과 해당 로직을 역으로 추정할 수 있는 어뷰즈 필터링 결과를 외부에 공개하지 않고 있습니다.

쇼핑검색 랭킹 구성 요소

적합도
사용자의 검색 의도에 적합한 상품

- 상품명
- 카테고리
- 제조사 브랜드
- 속성 태그

인기도
많이 찾고 많이 판매되는 상품

- 클릭 수 찜 수
- 판매 실적
- 리뷰 수
- 최신성

신뢰도
상품 정보를 신뢰할 수 있는 상품

- 상품명 SEO
- 네이버 쇼핑 페널티

1️⃣ 적합도

이용자가 입력한 검색어가 상품명, 카테고리, 제조사/브랜드, 속성/태그 등 상품 정보의 어떤 필드와 연관도가 높은지, 검색어와 관련하여 어떤 카테고리의 선호도가 높은지 산출하여 적합도로 반영됩니다.

🅐 필드 연관도
검색어가 '나이키'인 경우 '나이키'는 브랜드 유형으로 인식되며, 상품명에 '나이키'가 기입되어 있는 것보다 브랜드에 '나이키'로 매칭되어 있는 것이 우선적으로 노출됩니다.

🅑 카테고리 선호도
'블라우스' 검색어의 경우는 여러 카테고리 상품이 검색되지만, [패션의류>여성의류>블라우스] 카테고리의 선호도가 매우 높습니다. 검색 알고리즘은 해당 카테고리의 상품을 먼저 보여 줄 수 있게 추가 점수를 주게 됩니다.

2️⃣ 인기도

해당 상품이 가지는 클릭 수, 판매실적, 리뷰 수, 찜 수, 최신성 등의 고유한 요소가 카테고리 특성을 고려한 인기도로 반영됩니다. 인기도는 카테고리별로 다르게 구성되어 사용됩니다.

인기도는
많이 찾고 많이 팔린 평이 좋은 신상 상품

클릭 수 / 찜 수
최근 7일
쇼핑검색 Hit
찜하기

판매실적
최근
2일 / 7일 / 30일
판매 지수

리뷰 수
카테고리별
상대 지수

최신성
등록일순
신상품 일시적
랭킹 노출 유도

Ⓐ 클릭 수

최근 7일 동안 쇼핑검색에서 발생된 상품 클릭 수를 지수화

Ⓑ 판매실적

최근 2일/7일/30일 동안 쇼핑검색에서 발생한 판매수량/판매금액을 지수화

스마트스토어의 판매실적과 리뷰 수는 네이버 페이를 통해 자동 연동되며, 부정 거래가 있을 경우 페널티 부여

Ⓒ 리뷰 수

개별 상품의 리뷰 수를 카테고리별 상대적으로 환산하여 지수화

Ⓓ 찜 수

개별 상품의 찜 수를 카테고리별 상대적으로 환산하여 지수화

Ⓔ 최신성

상품의 쇼핑 DB 등록일을 기준으로 상대적 지수화, 신상품 한시적 노출 유도

3 신뢰도

네이버 쇼핑 페널티, 상품명 SEO 등의 요소를 통해 해당 상품이 이용자에게 신뢰를 줄 수 있는지를 산출하여, 신뢰도로 반영합니다.

Ⓐ 네이버 쇼핑 페널티

구매평/판매실적 어뷰징, 상품 정보 어뷰징 등에 대한 상품/몰 단위 페널티 부여

Ⓑ 상품명 SEO 스코어

상품명 가이드라인을 벗어난 상품에 대해 페널티 부여

🏷️ 상품명 작성 상세 가이드

상품명에는 중복된 단어, 상품과 관련 없는 키워드, 할인 정보 등을 제외하고 간결하게 작성해 주세요.

카테고리 · 브랜드 중복

[라텍스 침대매트리스(퀸사이즈) HUB-255] 침대 매트리스 침실가구 라텍스 메모리 매트리스 아틸라트/멜라텍스/이케아/게타

혜택 · 수식 문구

[무료배송][당일발송][비씨카드7%할인] 고무나무 다용도 4단 선반!(오프라인 인기 1위!!!)

이미테이션

PS캐비넷 이케아스타일 TV다이 거실수납장 이케아 정품 캐비닛 디자인

셀러명 · 몰명 중복

한샘[땡땡백화점][땡땡백화점일산점] 보니카 그레이 알러지케어 차렵이불(Q)

지나치게 긴 상품명 (50자)

[무료배송][묶음배송불가] 가정용 실버메탈 세탁기선반 메탈랙 메탈선반 행거 화분대 정리대 수납장 진열대 다용도선반 국내생산 최저가보상

특수문자

★땡땡샵★ ▶무료배송◀ 강아지 대리석 쿨매트

🅐 표준 상품명

사용자가 귀사의 상품을 잘 찾고 구매를 결정할 수 있도록 명확하고 충분한 정보를 제공해야 합니다. 제조사, 유통 채널에서 이용되는 공식적인 상품 정보만을 사용하고, 상품 정보에 이벤트, 구매 조건 등의 판매 정보를 포함하지 않는 것이 중요합니다. 특히 브랜드, 제조사, 시리즈, 모델명은 공식 명칭만을 사용하고 색상 명칭, 상품에 포함된 수량, 상품의 속성 등은 임의로 변경하지 않습니다.

네이버 지식쇼핑에서는 쇼핑에 사용되는 키워드에 대해 언어 전문 인력이 상시 모니터링을 통해 동의어/유의어를 구축하고 있습니다. 영문, 오타, 외래어 표기 등 여러 가지 형태를 구축하고 있으며, 해당 동의어/유의어는 검색에서 자동 처리되기 때문에 중복 기재할 필요가 없습니다. 공식적으로 많이 사용하는 키워드 하나(가능하면 외래어 표기에 따른 한글로 기입)만 기입하시면 됩니다.

상품명에 많은 단어가 포함되어 있다고 해서 검색이 잘되는 것이 아닙니다. 오히려 중복 단어 사용 및 상품명과 관련 없는 키워드, 수식어, 판매조건 등을 기입하면 어뷰징으로 인식되어 검색에서 불이익을 받게 됩니다. 이는 정확한 상품명을 제공하는 판매자에게는 공정한 기회를 제공하고, 쇼핑검색을 이용 중인 사용자에게는 탐색 편의를 위한 장치입니다.

- 브랜드, 제조사, 동일한 상품명이나 단어를 반복해서 사용하지 않음
- 셀러, 쇼핑몰명, 상호명을 상품명에 포함하지 않음 (판매처명으로 별도 노출됨)
- 한글을 이용하고 필요한 경우에 영문 사용, 숫자는 아라비아로 표현함. 한글/영문 외에 다른 언어는 사용하지 않음
- ( ) - · [ ] / & + , ~ . 외의 특수문자 및 기호는 사용하지 않음. 특수문자도 많이 사용하지 않음

- 패키지 상품은 내용물의 숫자를 정확히 표현
- 이벤트, 판매조건, 할인 가격, 쿠폰, 적립 등은 기입하지 않음. 별도로 준비된 이벤트, 가격, 쿠폰, 적립 필드를 이용
- 하나의 상품만을 판매하고 단일 정보만 기입함. 카테고리 및 유형이 다른 상품을 하나의 상품으로 묶어서 판매하지 않음. 서로 다른 브랜드/제조사 상품을 모아서 판매하지 않음

유의 사례

* 홍보성 수식어 단어 사용 지양
: 주문폭주, 즉시할인, 재입고, 한정, 가격, 첫구매, 문의, 구매불가, 공짜, 품절, MD추천, 1위, 선착순, 임박, 인기, 가성비, 최고, 상담, 적립, 땡처리, 저렴, 추천, 신상품, 공식, 정품, 이벤트, 긴급모객 등

* 사회적 이슈가 되는 단어 사용 불가
: 정치인 이름이나 유해 물질이 발견된 상품모델이 포함된 경우 자동으로 저품질 처리 될 수 있음

* 띄어쓰기
: 띄어쓰기가 너무 없거나 불필요하게 많이 쓰이지 않도록 유의
　⑩ 원목인형/구체관절인형/관절손/데생/목각인형/미술한글

* 전화번호: 전화번호 사용을 금지함

* 정품 표시: 상품명에서 정품 표시는 가급적 지양하며, 상품상세에서 정품 여부에 대한 정보 제공을 권장함

* 명품 단어 사용: 상품모델을 지칭하는 경우만 예외적으로 허용함
　⑩ 쿠첸 명품철정 4인용 IH압력밥솥

* 고급: 고유상품명에 포함되는 경우만 예외적으로 허용함
　⑩ 대상 청정원 팜고급유 1호 선물세트

* 이월 상품 표시: 의류 시즌 표시는 '연도+계절' 형식으로 명확하게 표시
　⑩ 2013 F/W, 2014 S/S, 2014 가을, 2014 봄

* 상품 인식에 필요한 최소한의 정보 외에 불필요하게 많은 정보를 포함함
: 셀러 고유의 식별 코드를 기입하지 않음
　⑩ 2IP01, Y01, ST, _ES, EZ, YJ

* 옵션 선택 상품
- 브랜드만 동일하고 모델명이 다른 경우
　⑩ 루미녹스 3051/7057/3051/3051-BO/3053/3089/3081/3151/3057/3042/3059/3151/3083
　→ 해당 상품 서비스 중지, 개별 상품으로 등록 요망

- 사이즈, 색상, 모델이 다른 경우
　⑩ RB2132(52mm,55mm) RB2140(50mm,54mm) RB2140A RB2151A
　→ 해당 상품 서비스 중지, 개별 상품으로 등록 요망

- 제품군, 속성이 모두 다른 경우
  - 예 2014 F/W신상 플랫슈즈/키높이플랫/슬립온/로퍼 38종
  - 예 어반모카 와이어 멀티바스켓 외 공간활용 수납용품 13종 모음
  - → 해당 상품 서비스 중지, 개별 상품으로 등록 요망

◆ 대표 이미지 공식 가이드

표준 상품 이미지
해당 상품을 정확하게 표현할 수 있는 고해상도의 선명한 상품 이미지 사용을 권장합니다.
저품질 이미지는 어뷰징으로 인식되며, 검색에서 불이익을 받을 수 있습니다.

유의 사례

* 이미지 내에 과도한 텍스트/워터마크/도형이 포함된 경우 (브랜드, 스펙 설명 등 제품 사진을 가리지 않는다면 어느 정도 허용함)
* 초점이 흐리거나 확대하지 않아도 픽셀이 깨지는 이미지
* 상품 이미지는 비교적 정상이나 배경이 어지러워 상품을 구분하기 힘든 형태
* 매장에 디스플레이된 상태 그대로 촬영하거나, 여러 소품을 이용하여 상황을 연출하여 촬영한 형태
* 실제 상품과 다르게 과도하게 보정된 이미지 또는 상품과 관계없는 다른 이미지를 노출하는 형태
* 상품 2개 이상, 모델 2명 이상 이미지 노출
* 단일 상품의 앞/뒤/옆 부분을 모두 하나의 이미지로 표현하거나 해당 상품을 구성하고 있는 상품을 나열하여 찍은 형태
* 색상만 다른 제품이 하나의 이미지로 되어 있는 형태

◆ 카테고리 매칭 공식 가이드

네이버 지식쇼핑으로 들어오는 모든 상품은 하나의 카테고리에 매칭이 되어 서비스됩니다. 카테고리에 매칭된 상품은 해당 카테고리의 명칭과 관련된 키워드를 검색 키워드로 가지게 되며, 카테고리명이 상품명에 없더라도 카테고리 관련 키워드로 검색이 가능합니다. 따라서 상품의 성격에 맞는 정확한 카테고리에 매칭하는 것이 중요합니다.

리바트
이즈마인
책장

질의 분석 →

브랜드   카테고리

**필드
연관도**

상　　품 | 리바트 이즈마인 뉴프렌즈 1200 **책장**

제 조 사 | 현대리바트

브 랜 드 | **리바트 이즈마인**

카테고리 | 가구/인테리어 ▶ 서재/사무용가구 ▶ **책장**

속　　성 | **책장** 단품, 1200, 5단, 도어형, 화이트 오크

태　　그 | 깔끔한 디자인, 실용적인, 안정적인

Ⓐ 세부 카테고리 선택

카테고리의 구조상 하위 카테고리로 갈수록 상세한 키워드(상위 카테고리 키워드 포함)를 가지기 때문에, 가능한 한 세부 카테고리로 매칭하시는 것이 검색에서 노출될 기회가 많아집니다. 카테고리를 적절히 선택했다면 상품명에는 카테고리명과 관련된 키워드를 불필요하게 입력하실 필요가 없습니다. 네이버 지식쇼핑 검색은 검색어와 관련성이 높은 카테고리의 상품을 우선적으로 보여 주기 때문에 적절한 카테고리를 선택해야 검색결과 및 카테고리 브라우징에서 노출될 기회가 많아집니다.

Ⓑ 상품과 무관한 카테고리 선택 X

대중적인 키워드에 노출하기 위해 상품과 관련이 없는 카테고리로 매칭하는 것은 도움이 되지 않습니다. 상품 DB 운영 부서에 의해 다시 매칭이 되고, 악의적인 행위로 판단될 경우 상품의 서비스가 중지될 수 있습니다.